Trace Letters: Presch Handwriting Workbook

MW01538249

This Book
Belongs To

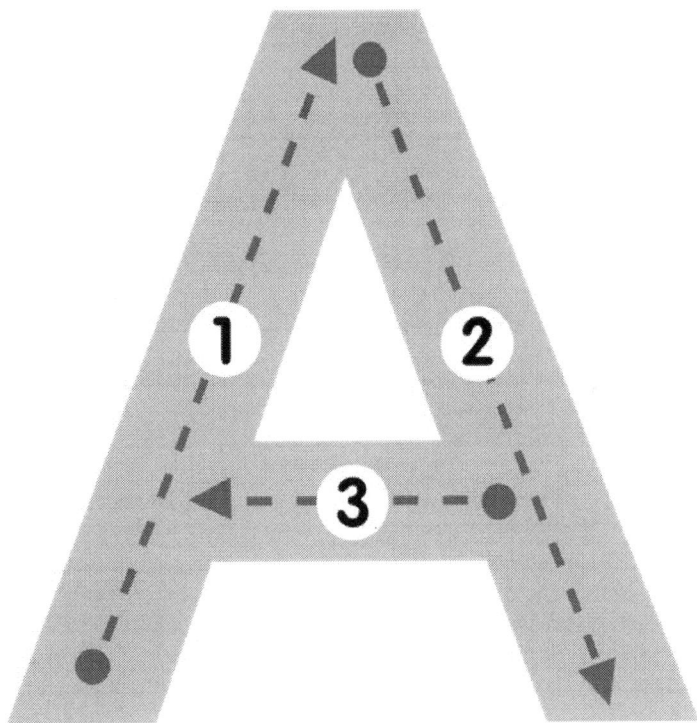 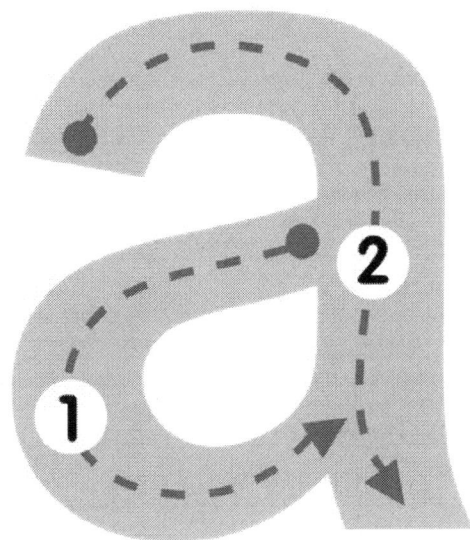

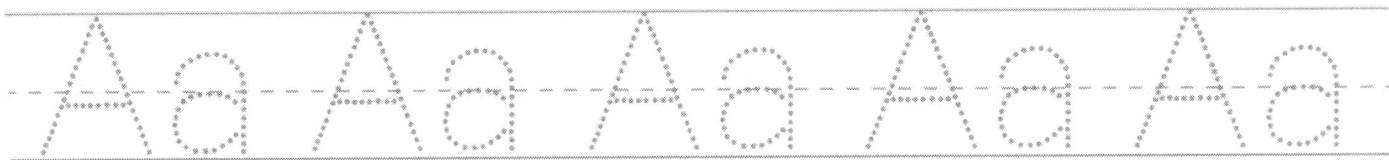

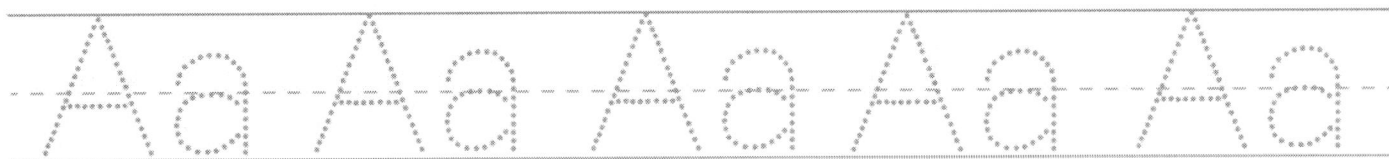

A is for alligator

Aa Aa Aa Aa Aa Aa

Aa Aa Aa Aa Aa Aa

Aa Aa Aa Aa Aa

Aa Aa Aa Aa Aa

Aa Aa Aa Aa Aa

Aa Aa Aa Aa Aa

Aa Aa Aa Aa Aa Aa

Aa Aa Aa Aa Aa Aa

Aa Aa Aa Aa Aa Aa

Aa Aa Aa Aa Aa Aa

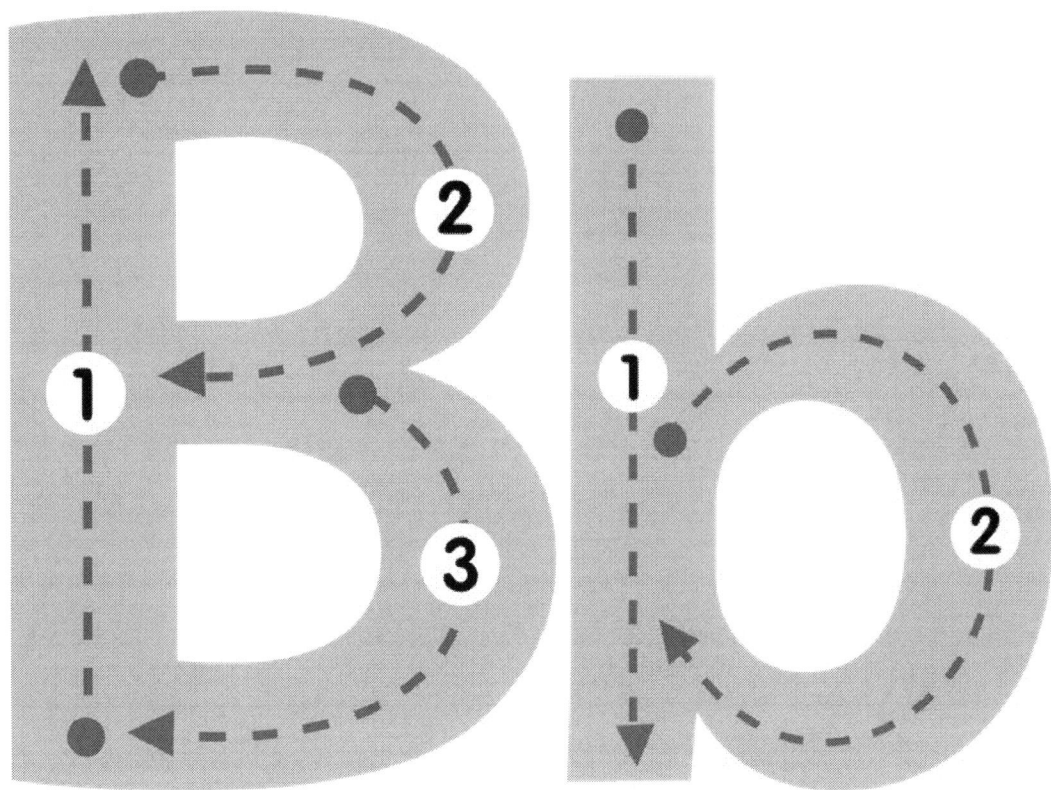

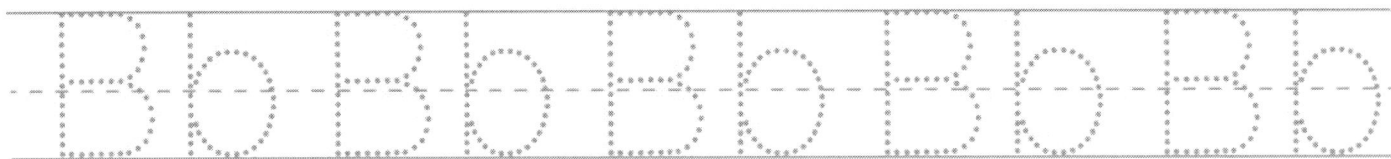

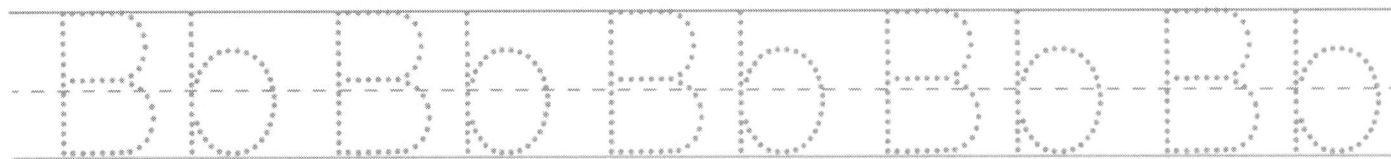

B is for beaver

Bb Bb Bb Bb Bb Bb Bb

Bb Bb Bb Bb Bb Bb Bb

Bb Bb Bb Bb Bb Bb Bb

Bb Bb Bb Bb Bb Bb Bb

Bb Bb Bb Bb Bb Bb

Bb Bb Bb Bb Bb Bb

Bb Bb Bb Bb Bb Bb

Bb Bb Bb Bb Bb Bb

Bb Bb Bb Bb Bb Bb

Bb Bb Bb Bb Bb Bb

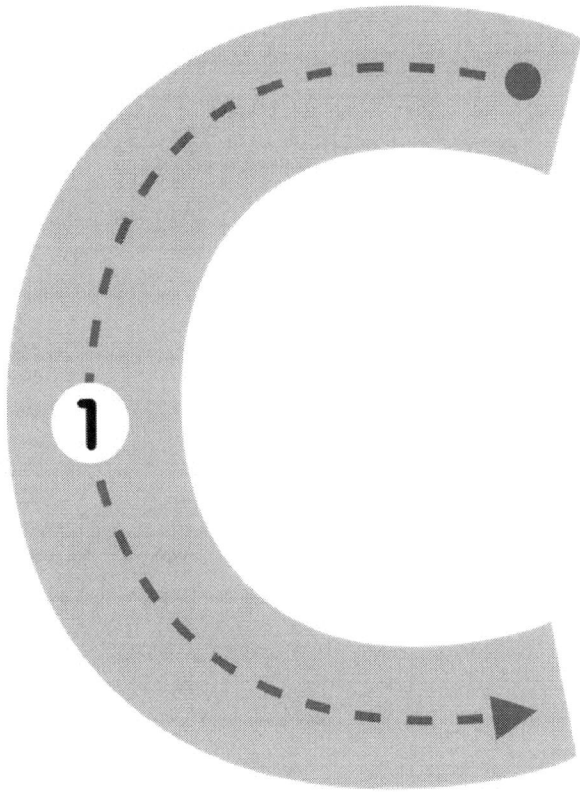
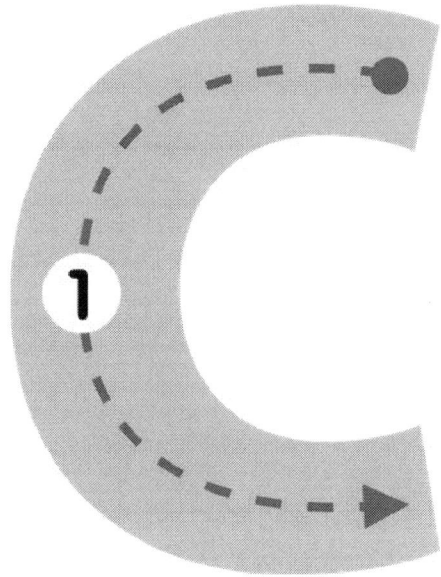

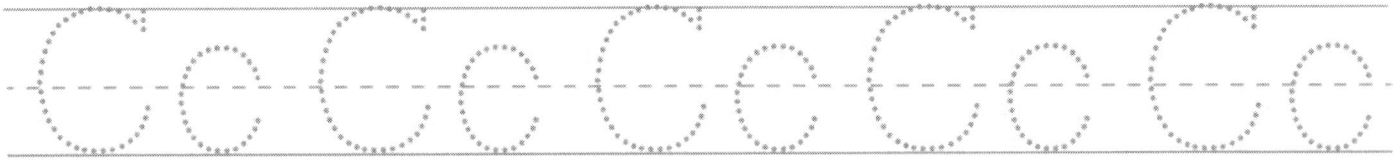

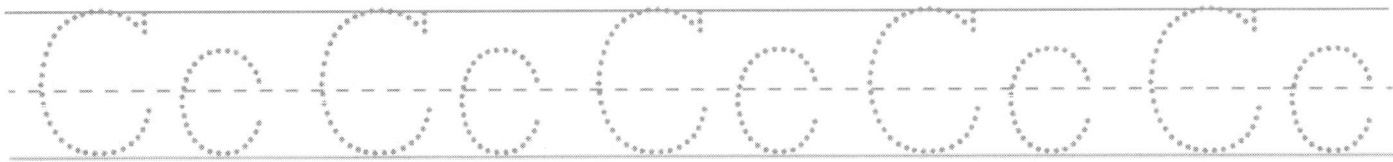

C is for chicken

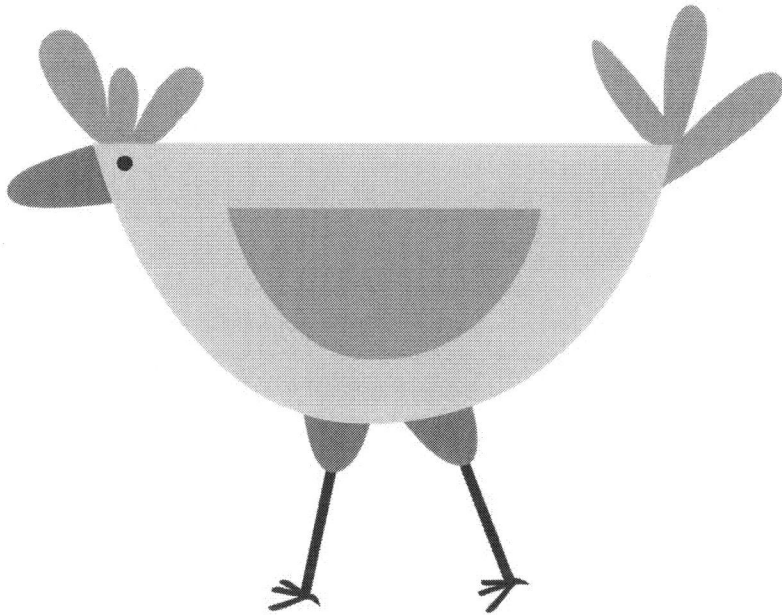

Cc Cc Cc Cc Cc Cc Cc

Cc Cc Cc Cc Cc Cc Cc

Ge Ge Ge Ge Ge Ge Ge

Ge Ge Ge Ge Ge Ge Ge

Ge Ge Ge Ge Ge Ge Ge

Ge Ge Ge Ge Ge Ge Ge

Ge Ge Ge Ge Ge Ge Ge

Ge Ge Ge Ge Ge Ge Ge

Ge Ge Ge Ge Ge Ge Ge

Ge Ge Ge Ge Ge Ge Ge

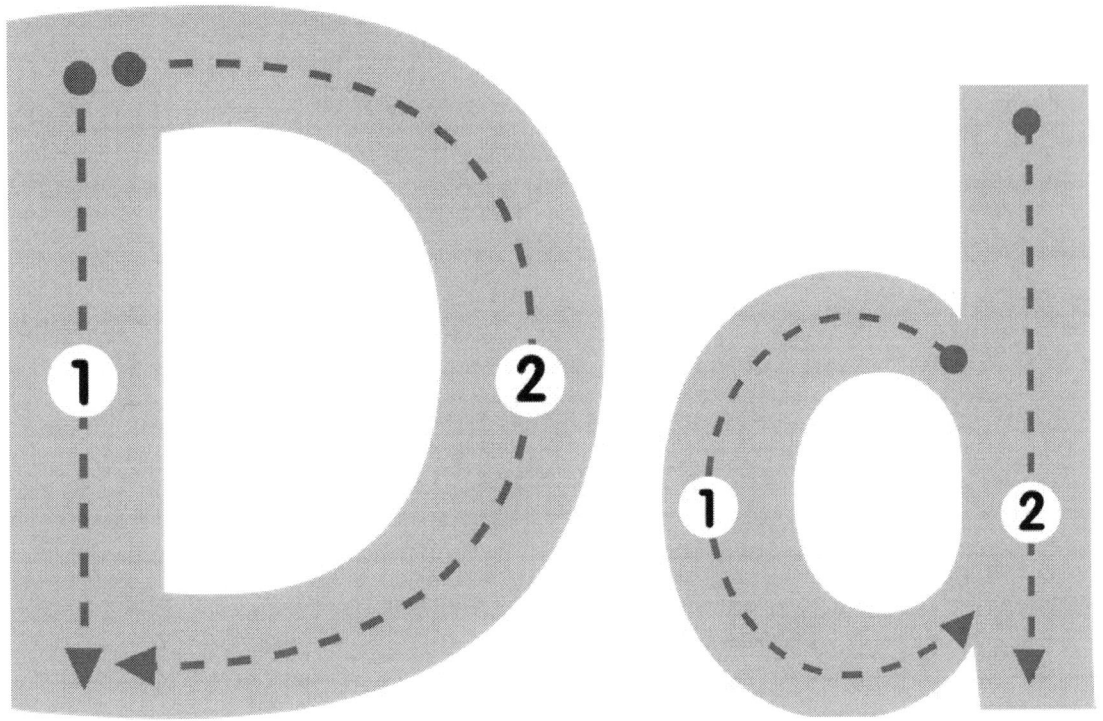

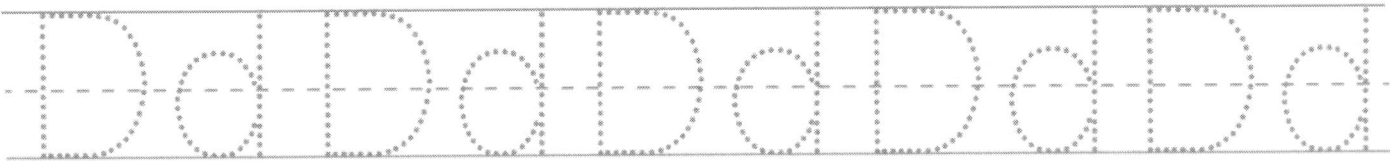

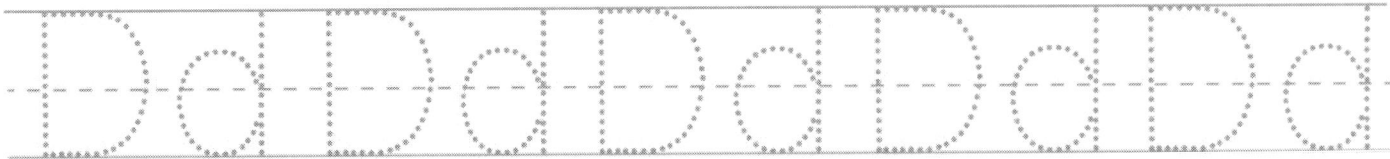

D is for deer

DdDdDdDdDdDd

DdDdDdDdDdDd

Da Da Da Da Da

Da Da Da Da Da

Da Da Da Da Da

Da Da Da Da Da

Da Da Da Da Da Da

Da Da Da Da Da Da

Da Da Da Da Da Da

Da Da Da Da Da Da

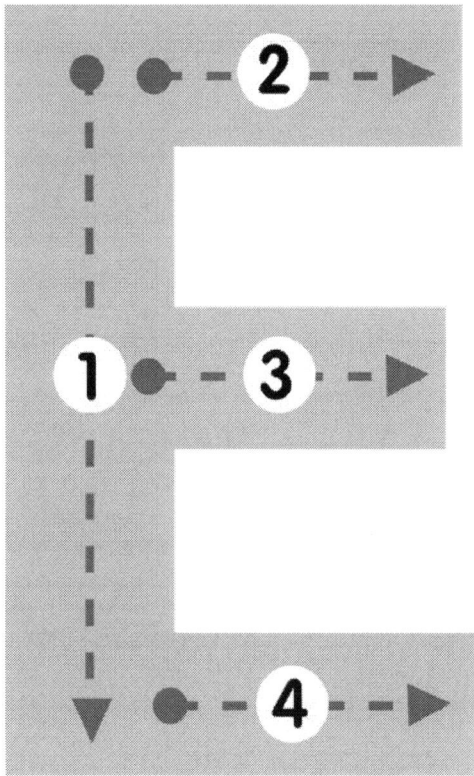

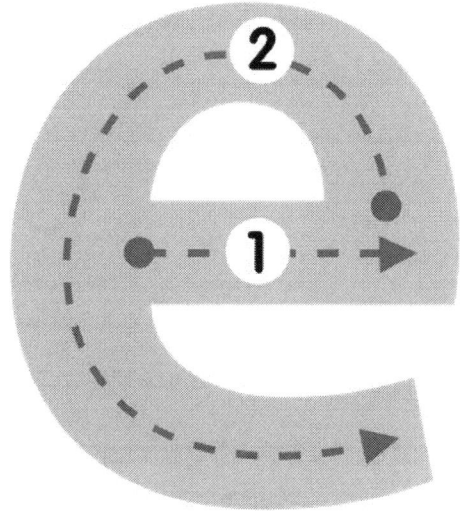

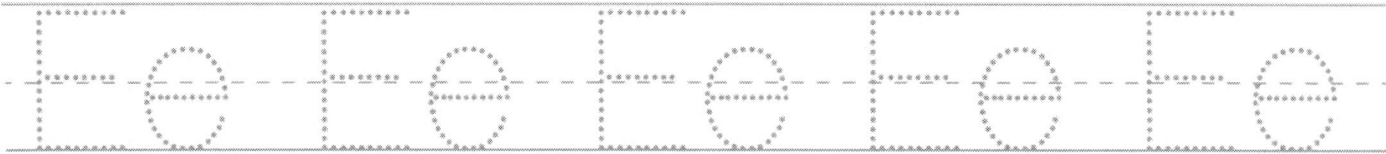

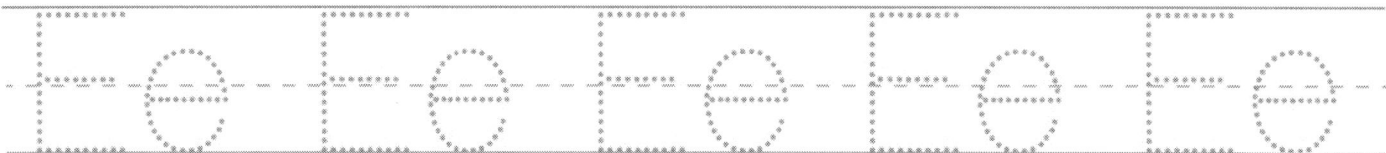

E is for elephant

Ee Ee Ee Ee Ee Ee

Ee Ee Ee Ee Ee Ee

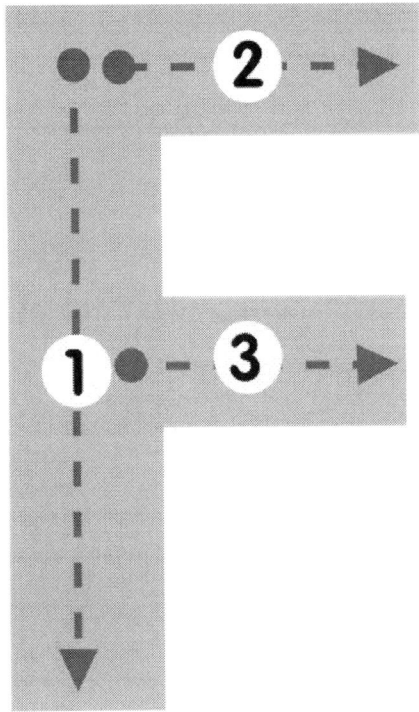

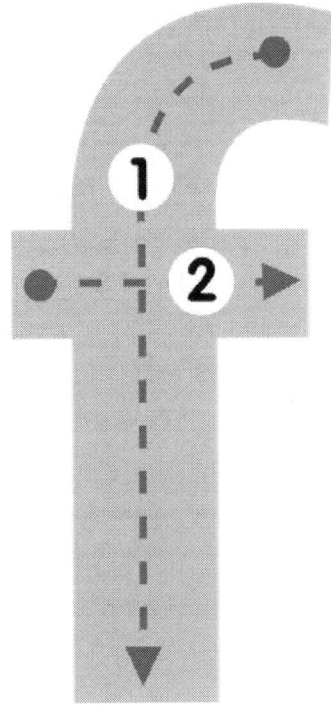

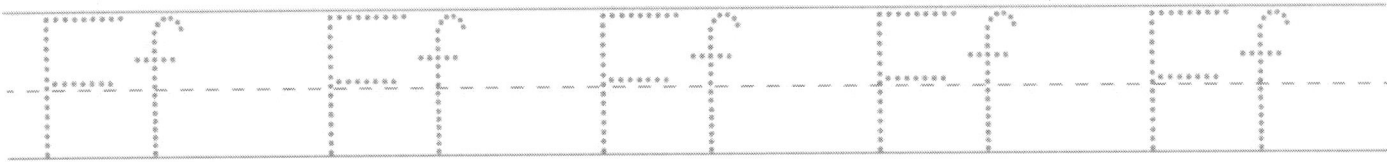

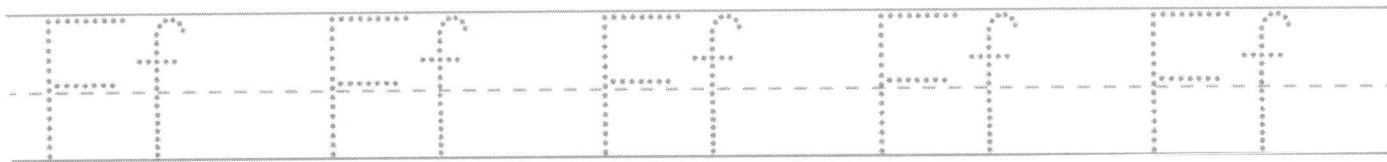

F is for fox

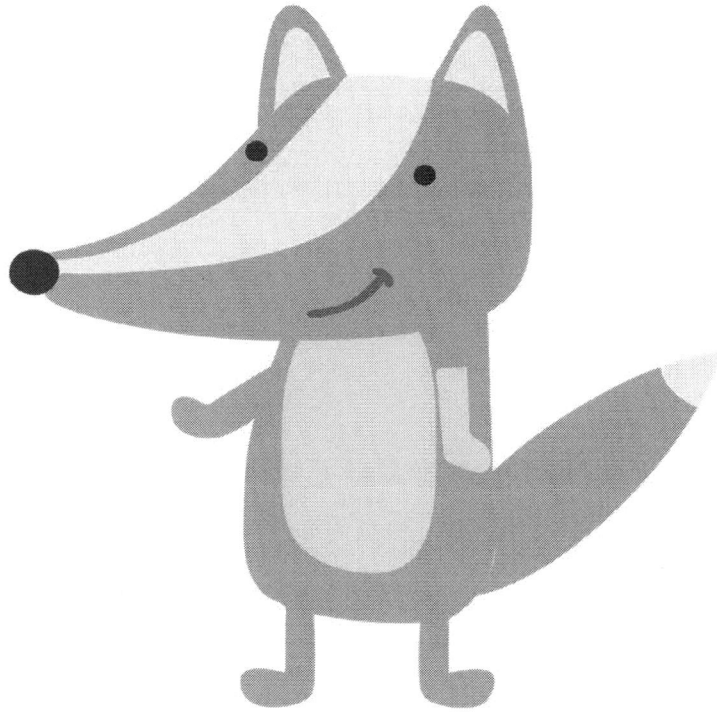

Ff Ff Ff Ff Ff Ff Ff Ff

Ff Ff Ff Ff Ff Ff Ff Ff

Ff   Ff   Ff   Ff   Ff   Ff

Ff   Ff   Ff   Ff   Ff   Ff

Ff   Ff   Ff   Ff   Ff   Ff

Ff   Ff   Ff   Ff   Ff   Ff

Ff Ff Ff Ff Ff

Ff Ff Ff Ff Ff

Ff Ff Ff Ff Ff

Ff Ff Ff Ff Ff

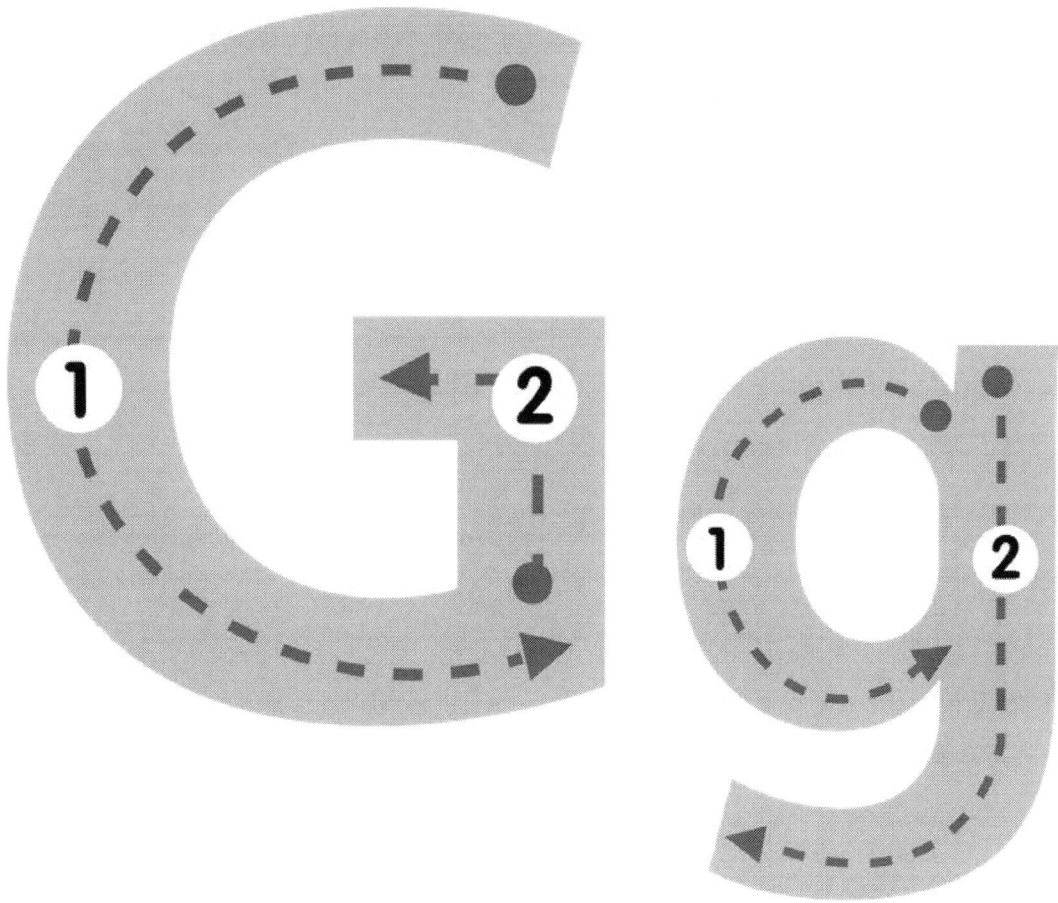

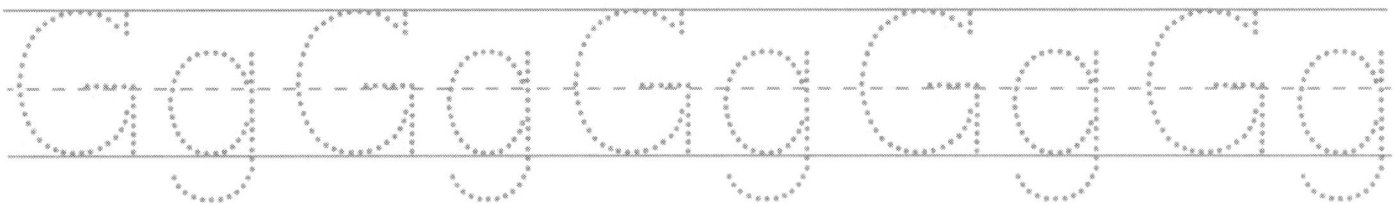

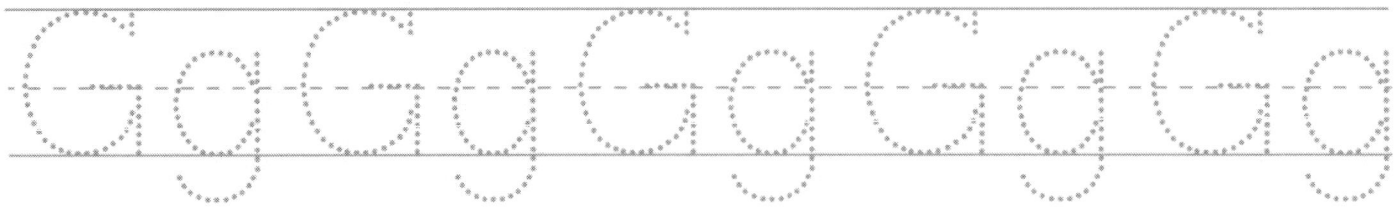

G is for giraffe

GgGgGgGgGgGgGgGg

GgGgGgGgGgGgGgGg

GgGgGgGgGgGg

GgGgGgGgGgGg

GgGgGgGgGgGg

GgGgGgGgGgGg

Gg Gg Gg Gg Gg Gg Gg

Gg Gg Gg Gg Gg Gg Gg

Gg Gg Gg Gg Gg Gg Gg

Gg Gg Gg Gg Gg Gg Gg

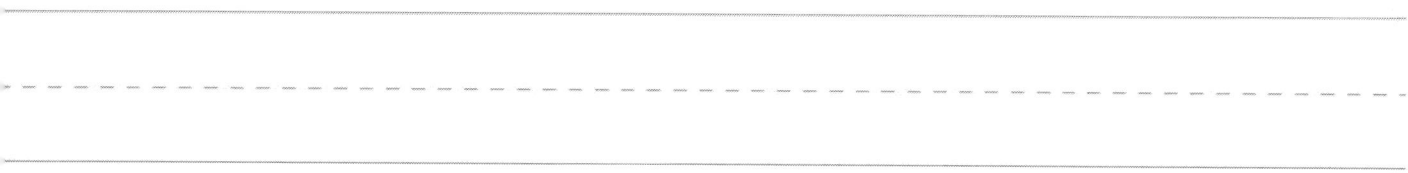

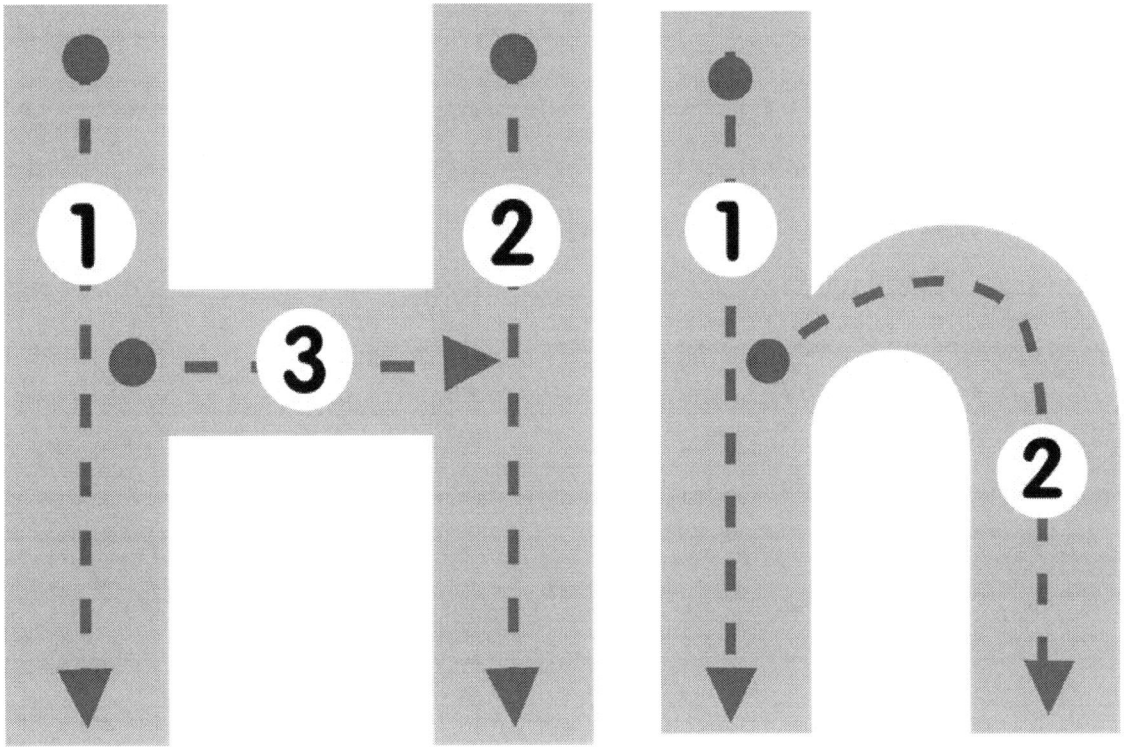

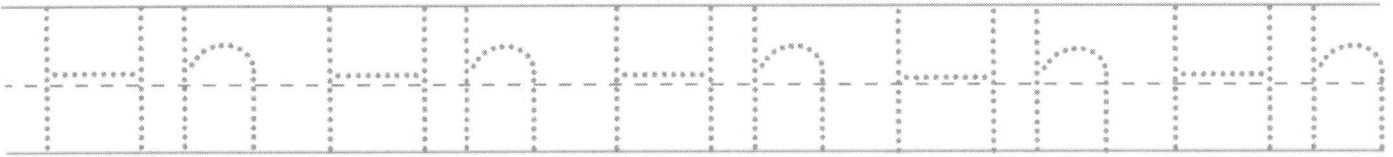

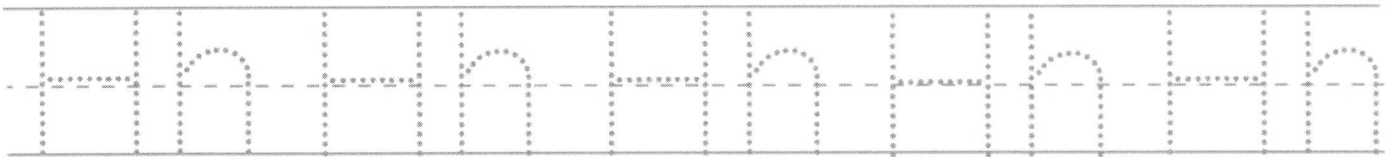

H is for hedgehog

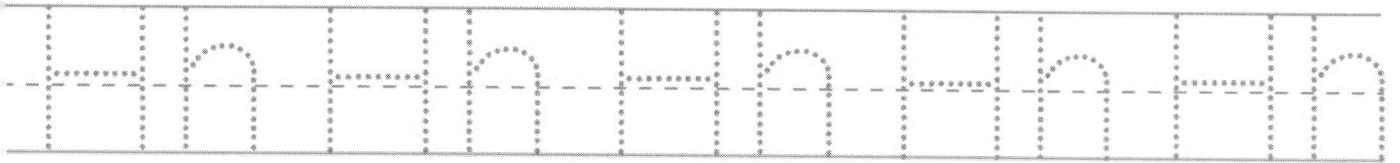

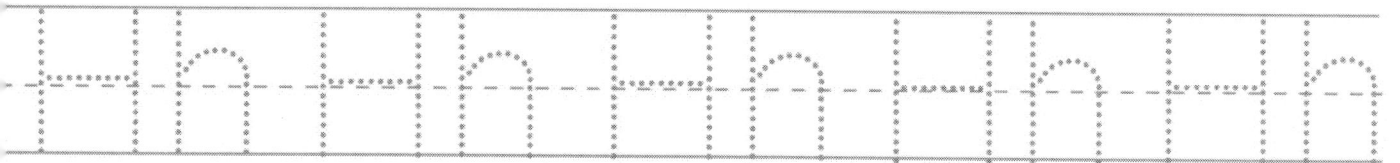

Hh Hh Hh Hh Hh Hh Hh Hh

Hh Hh Hh Hh Hh Hh Hh Hh

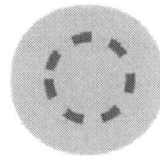

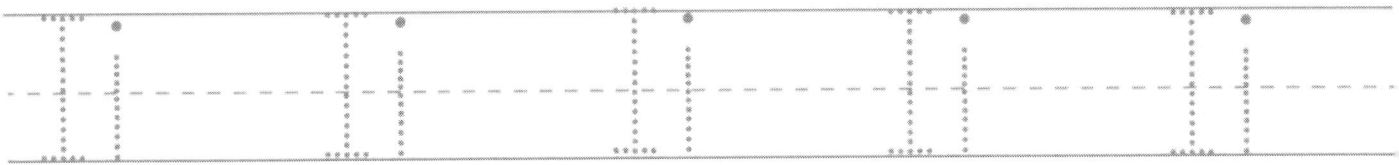

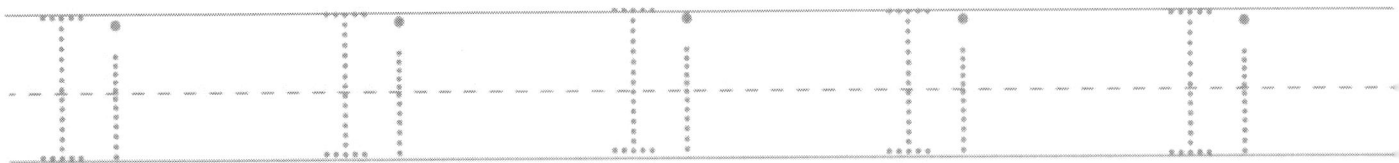

I is for iguana

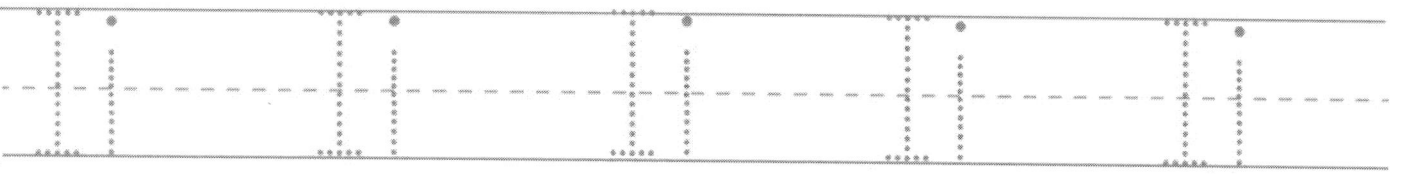

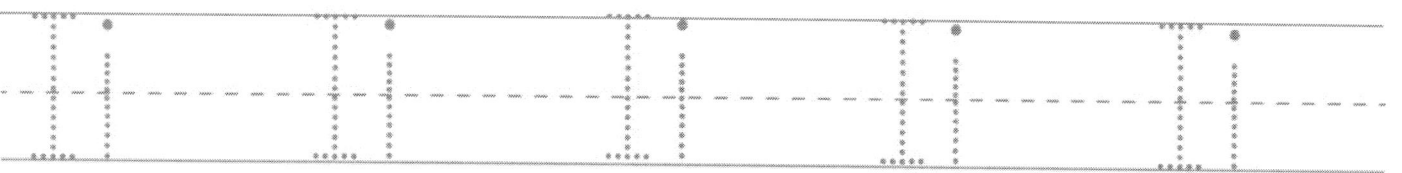

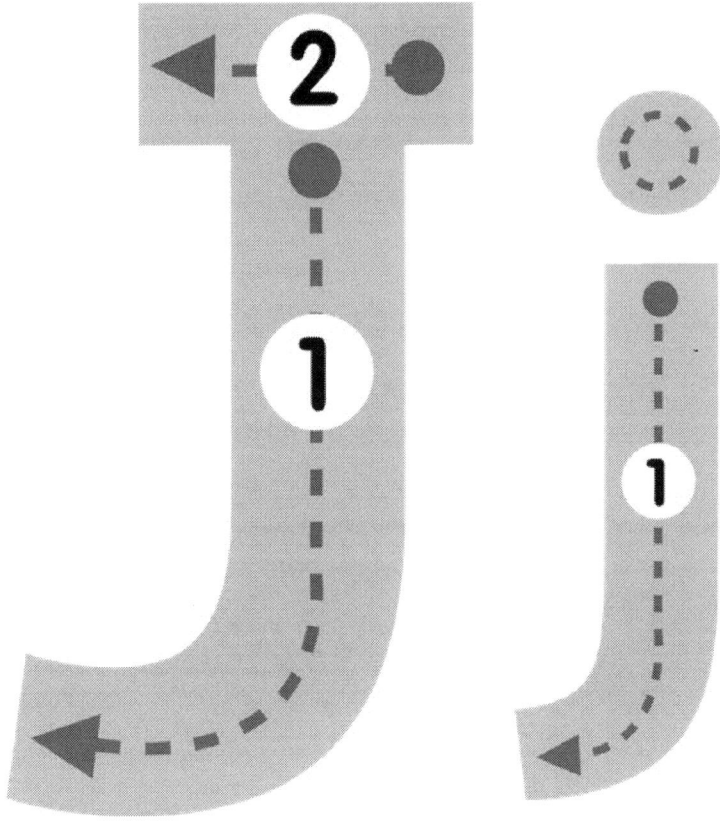

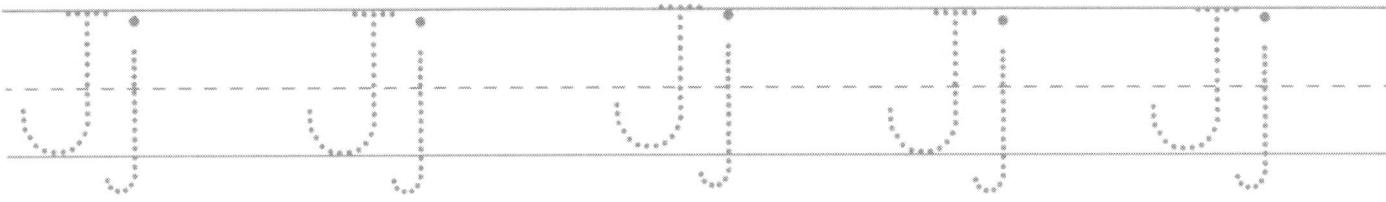

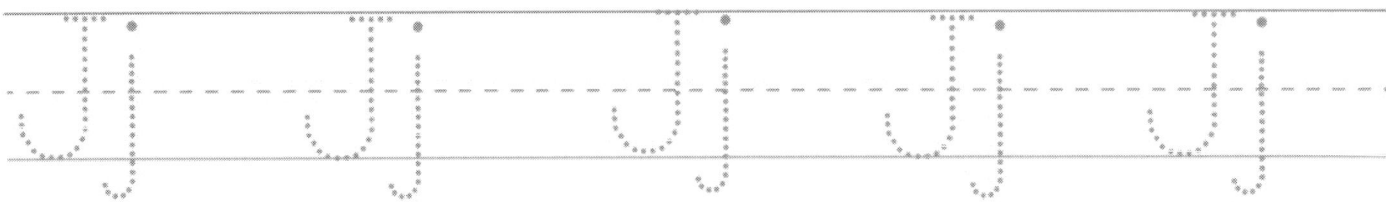

J is for jellyfish

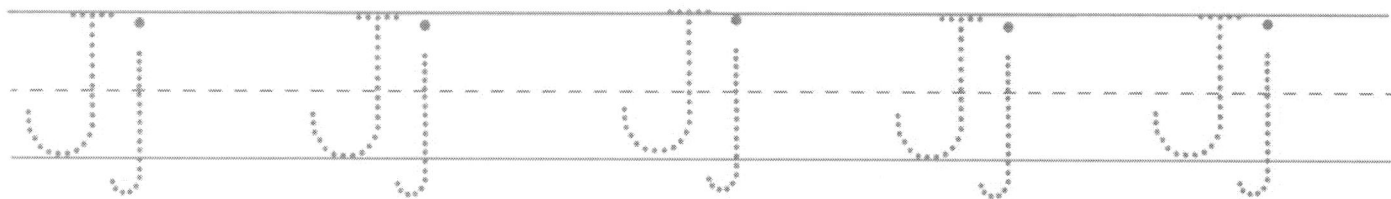

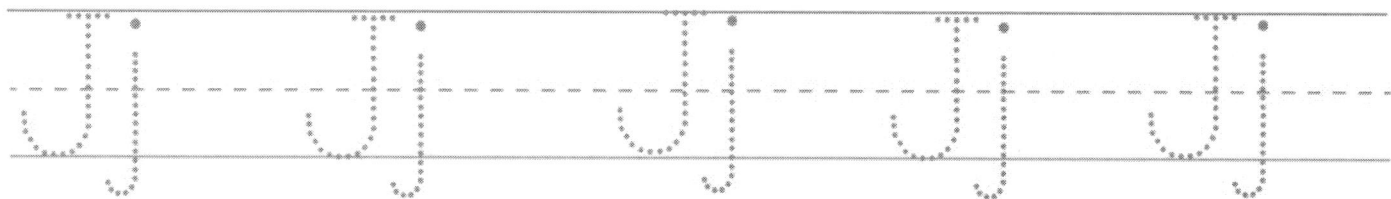

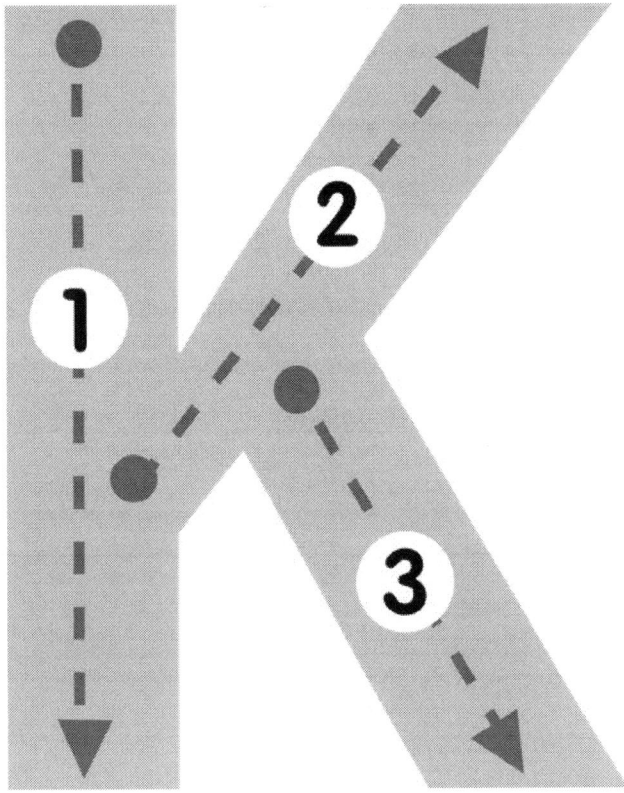

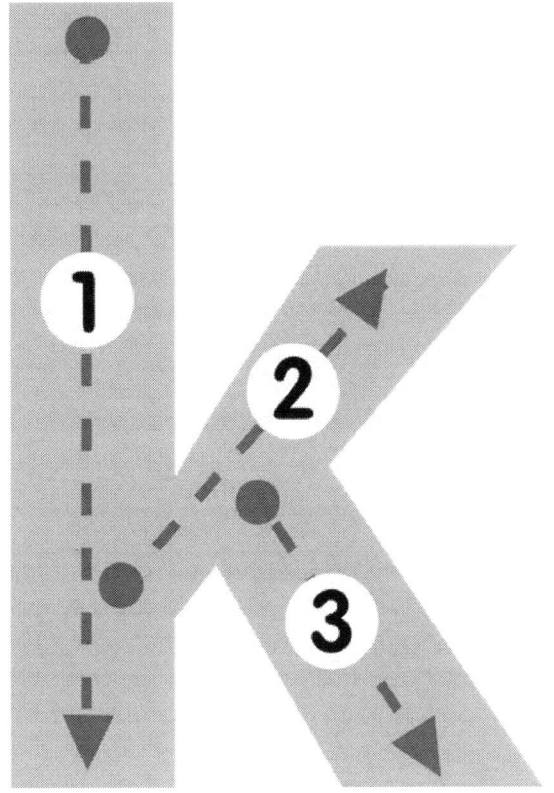

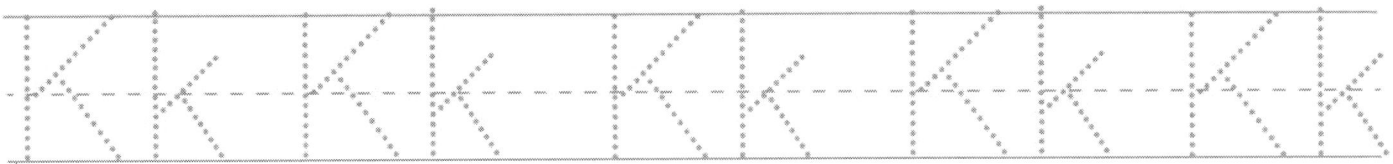

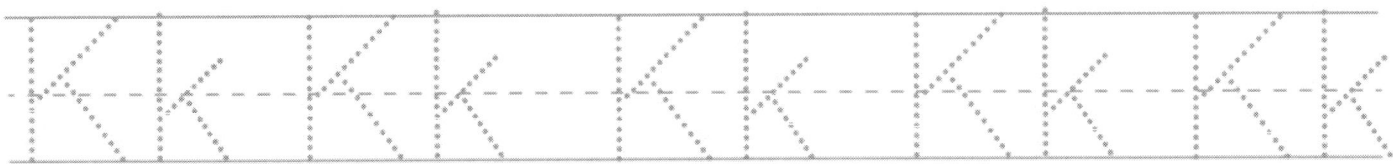

K is for kangaroo

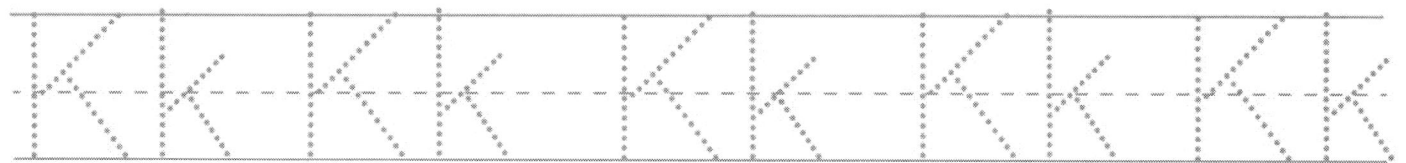

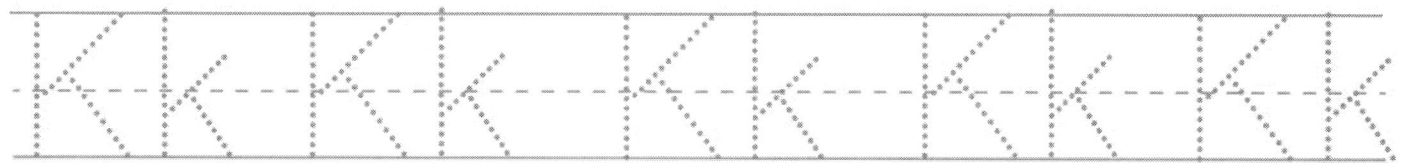

K k K k K k K k K k K k

K k K k K k K k K k K k

Kk Kk Kk Kk Kk Kk Kk

Kk Kk Kk Kk Kk Kk Kk

Kk Kk Kk Kk Kk Kk Kk

Kk Kk Kk Kk Kk Kk Kk

Kk Kk Kk Kk Kk Kk Kk

Kk Kk Kk Kk Kk Kk Kk

Kk Kk Kk Kk Kk Kk

Kk Kk Kk Kk Kk Kk Kk

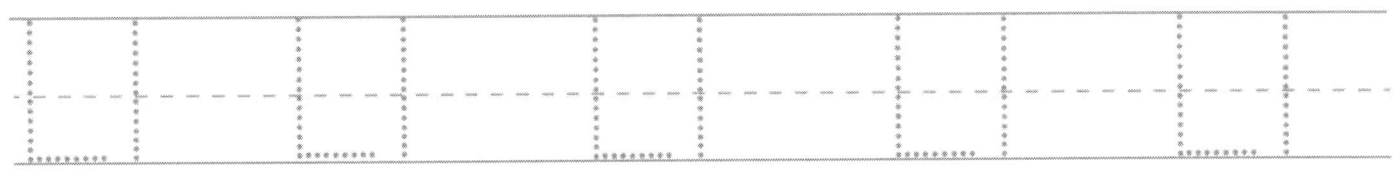

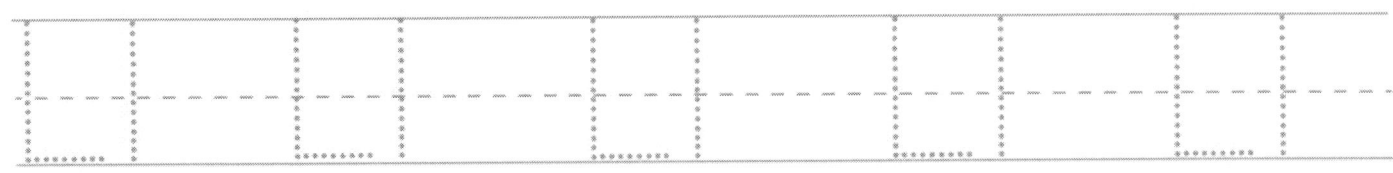

L is for ladybird

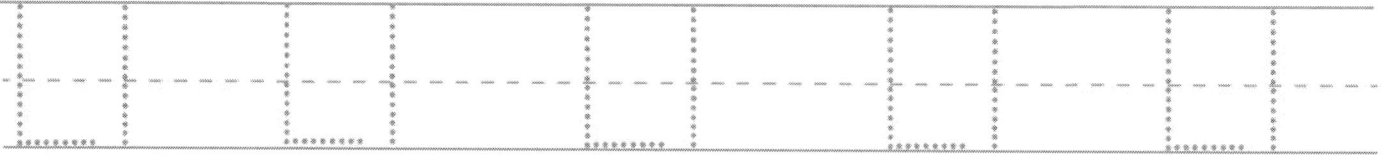

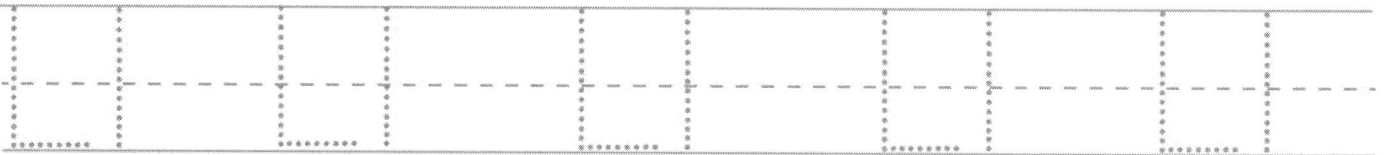

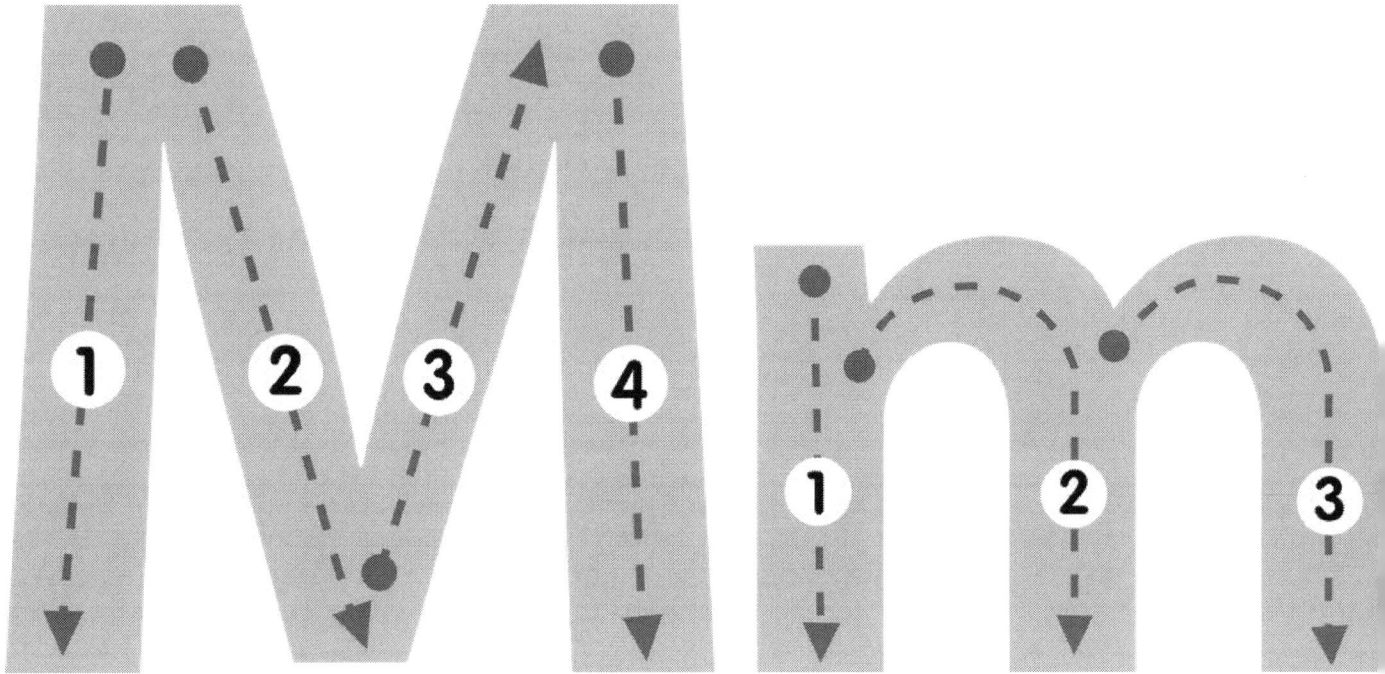

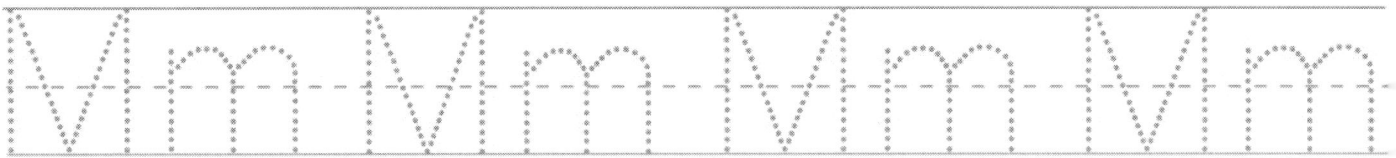

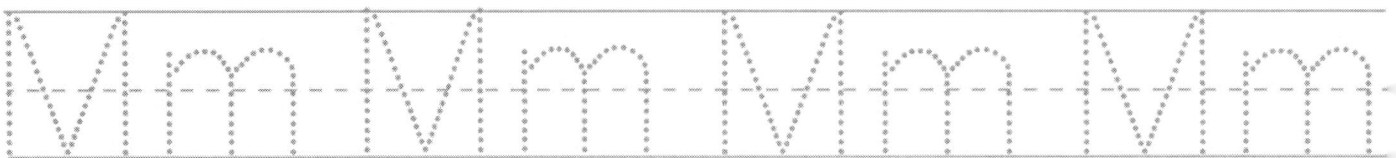

M is for mouse

Mm Mm Mm Mm Mm

Mm Mm Mm Mm Mm

Mm Mm Mm Mm Mm

Mm Mm Mm Mm Mm

Mm Mm Mm Mm Mm

Mm Mm Mm Mm Mm

Mm Mm Mm Mm

Mm Mm Mm Mm

Mm Mm Mm Mm

Mm Mm Mm Mm

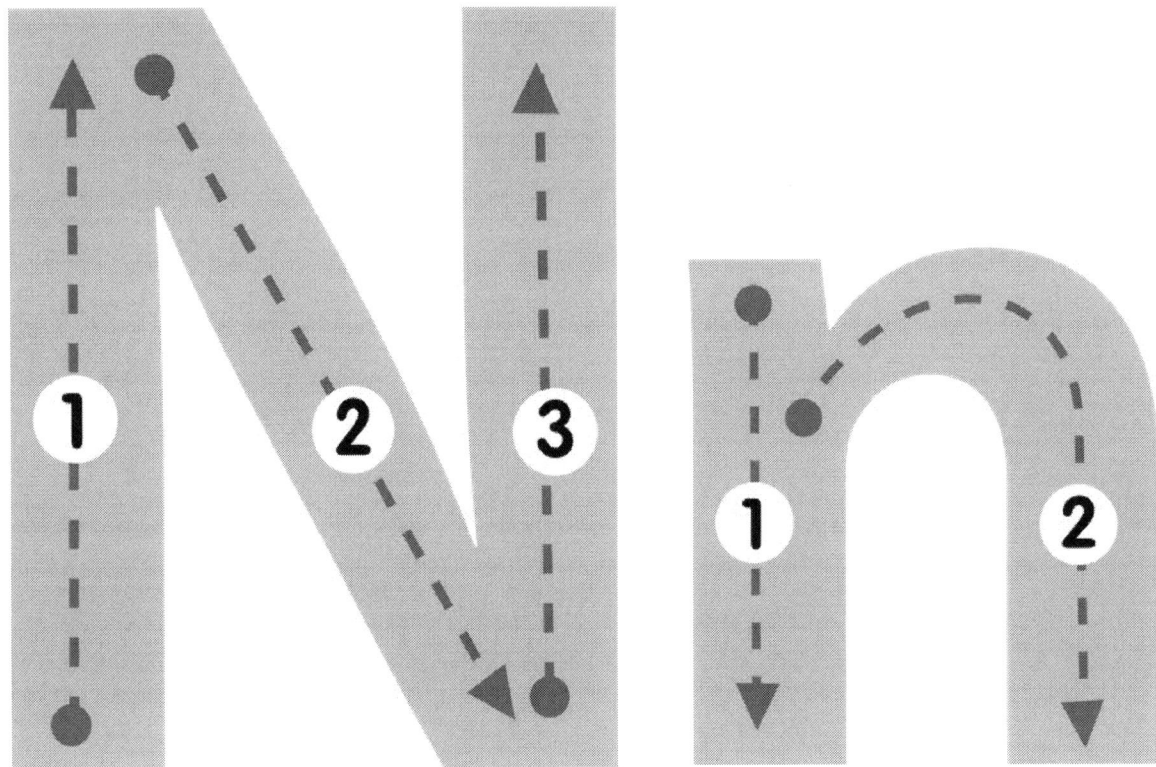

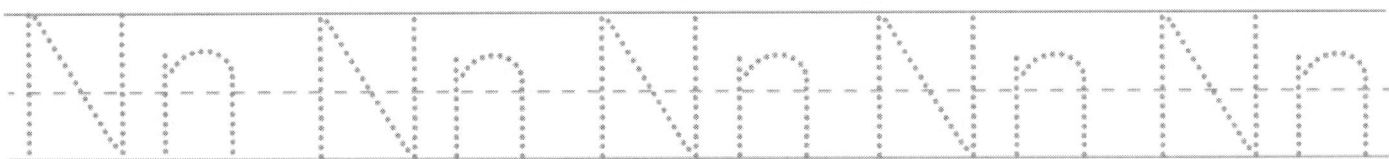

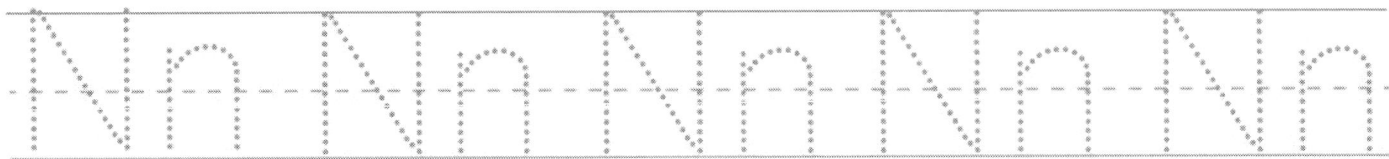

N is for narwhal

Nn Nn Nn Nn Nn Nn

Nn Nn Nn Nn Nn Nn

Nn Nn Nn Nn Nn Nn

Nn Nn Nn Nn Nn Nn

Nn Nn Nn Nn Nn Nn

Nn Nn Nn Nn Nn Nn

Nn Nn Nn Nn Nn Nn

Nn Nn Nn Nn Nn Nn

Nn Nn Nn Nn Nn Nn

Nn Nn Nn Nn Nn Nn

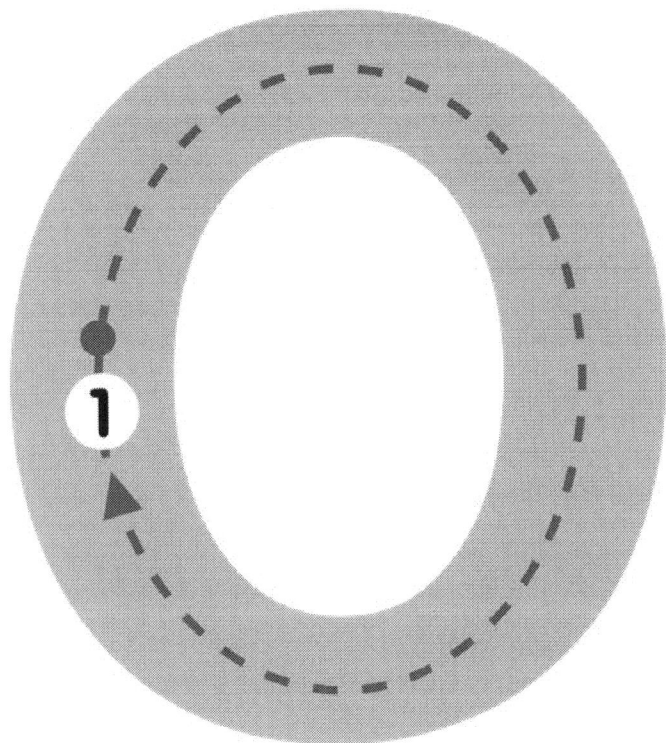

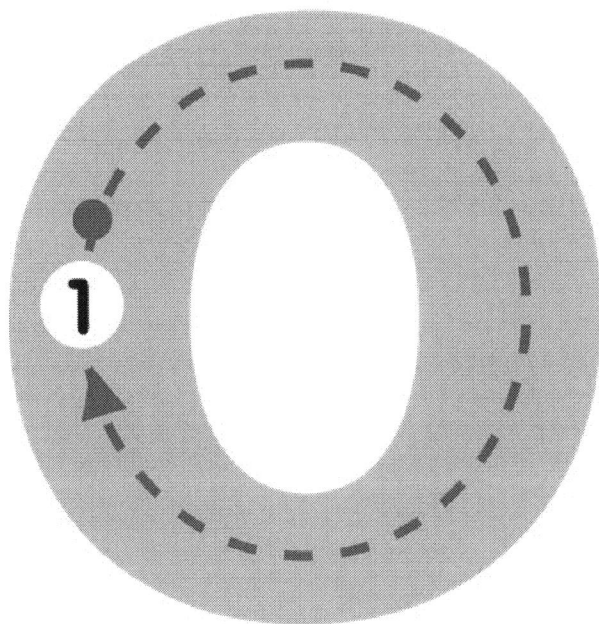

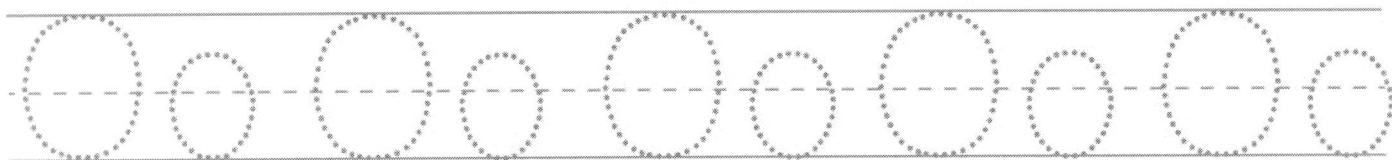

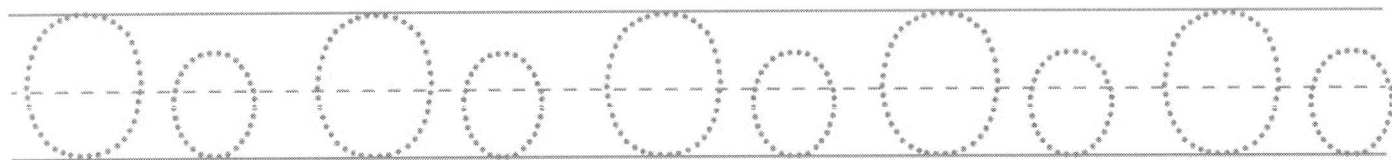

O is for owl

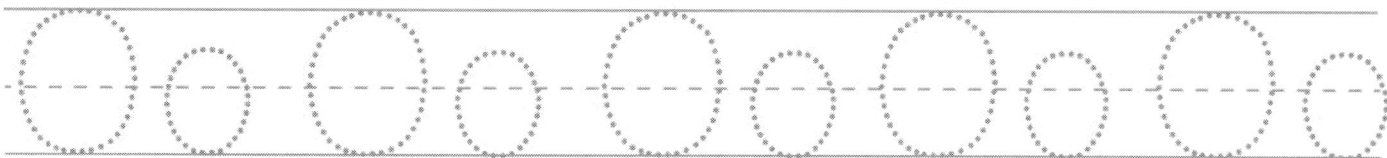

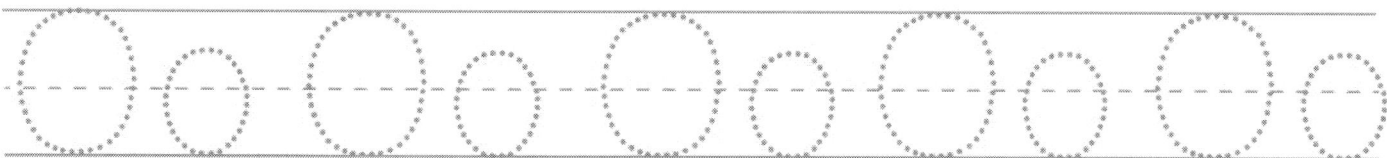

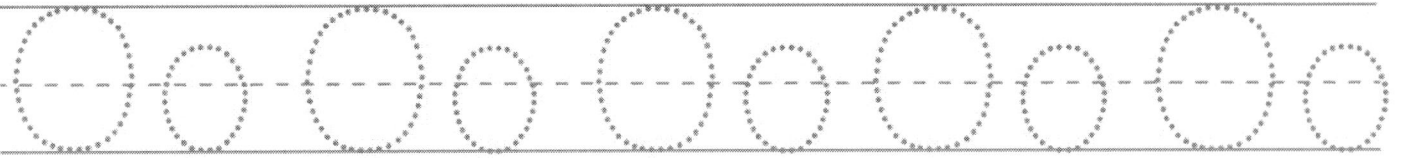

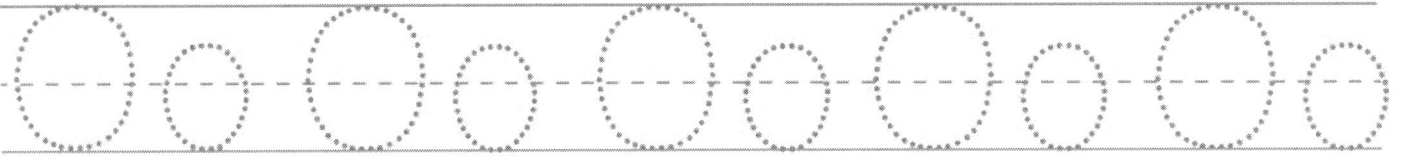

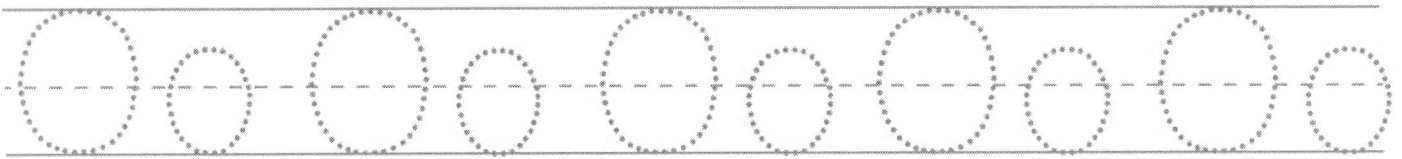

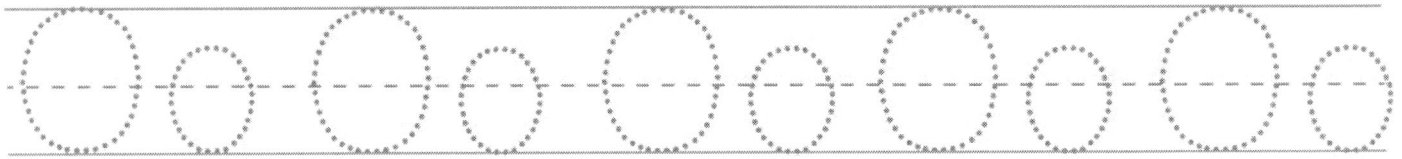

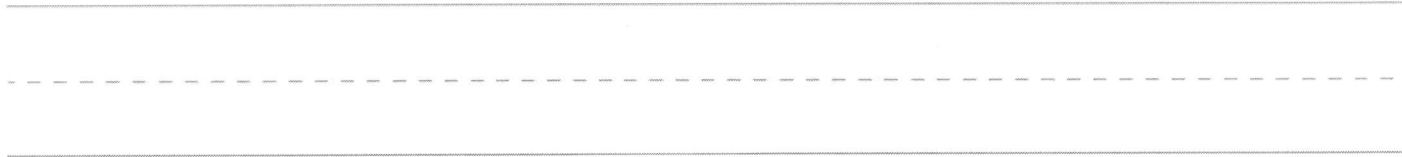

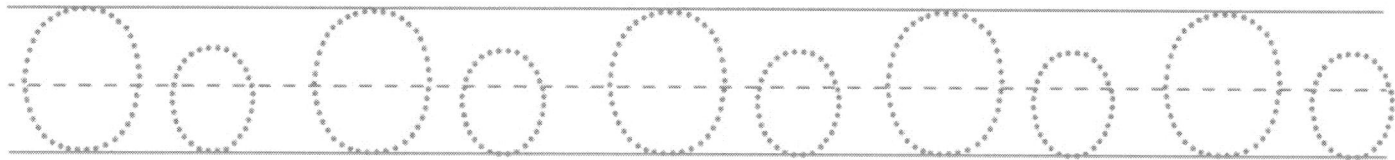

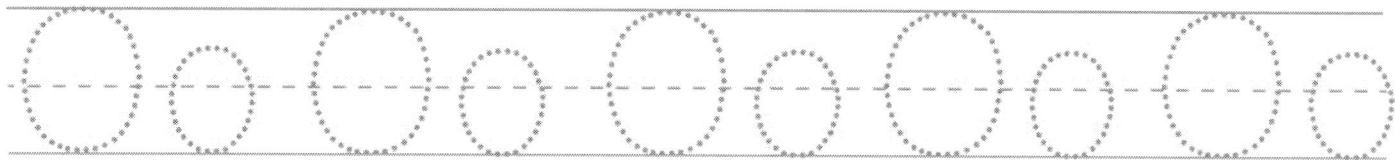

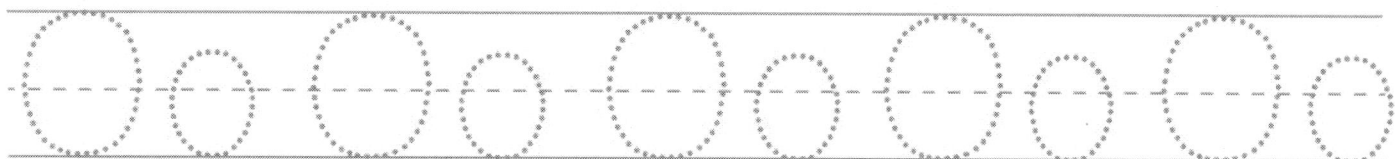

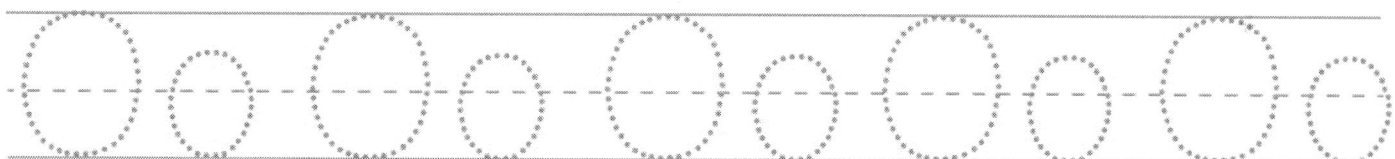

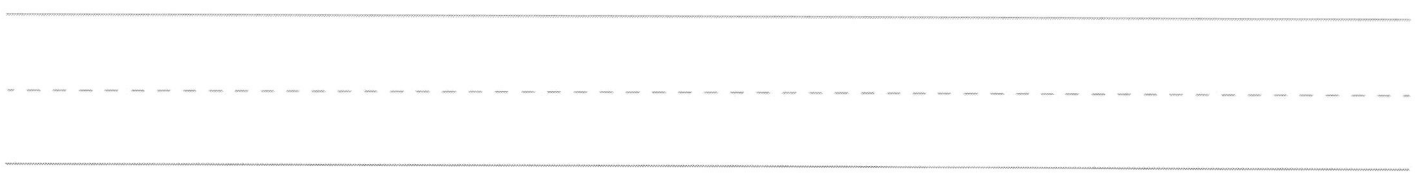

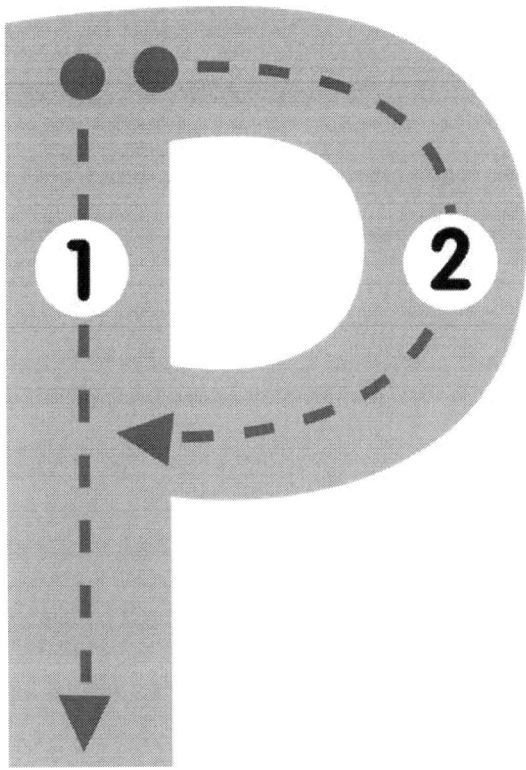
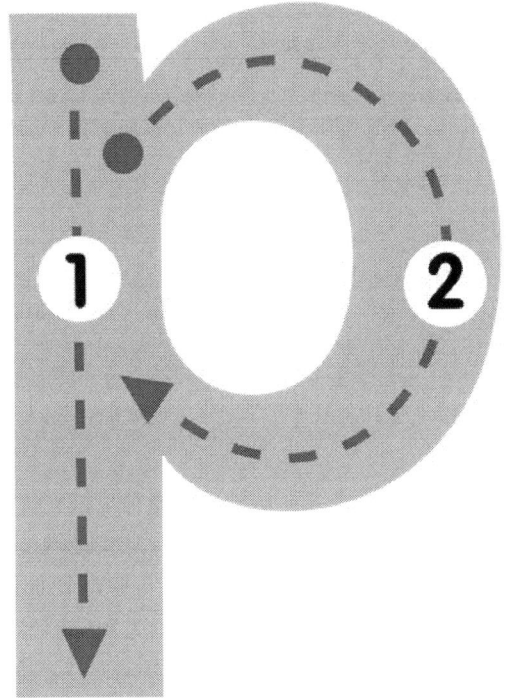

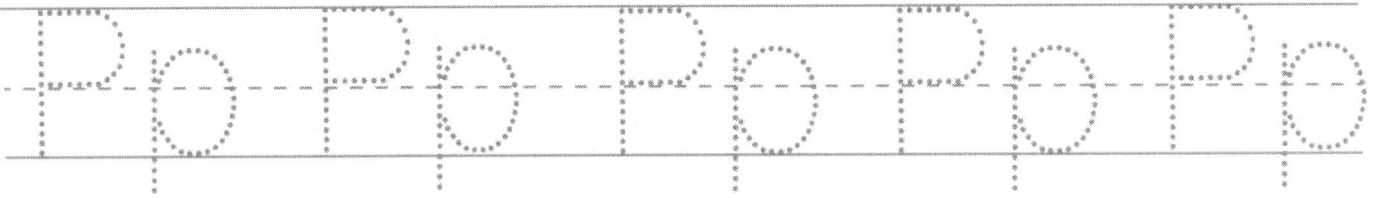

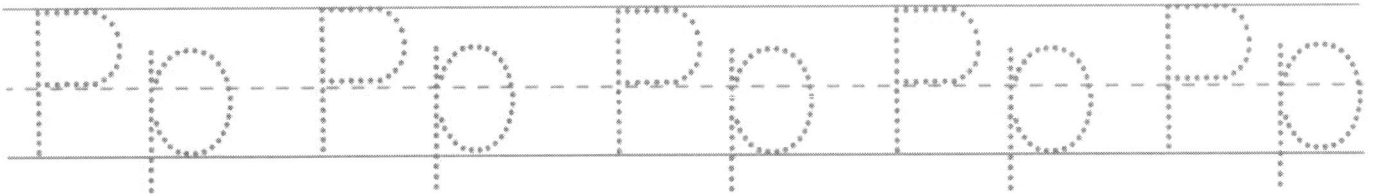

P is for parrot

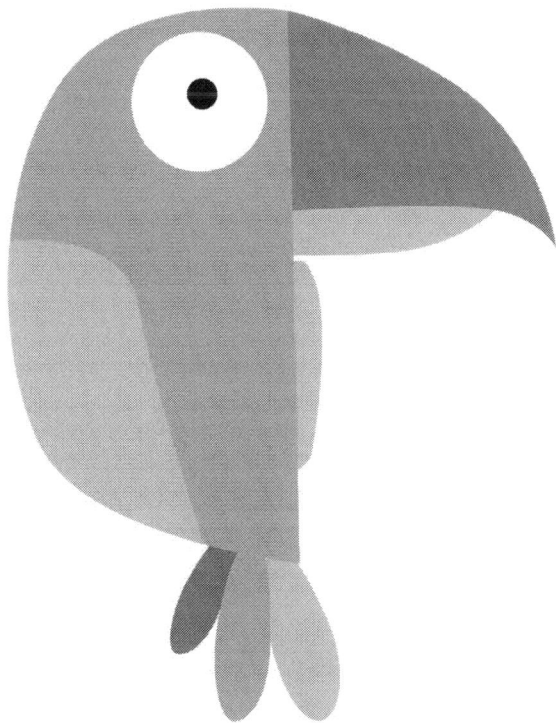

Pp Pp Pp Pp Pp Pp

Pp Pp Pp Pp Pp

Pp Pp Pp Pp Pp

Pp Pp Pp Pp Pp

Pp Pp Pp Pp Pp

Pp Pp Pp Pp Pp

Pp Pp Pp Pp Pp

Pp Pp Pp Pp Pp

Pp Pp Pp Pp Pp

Pp Pp Pp Pp Pp

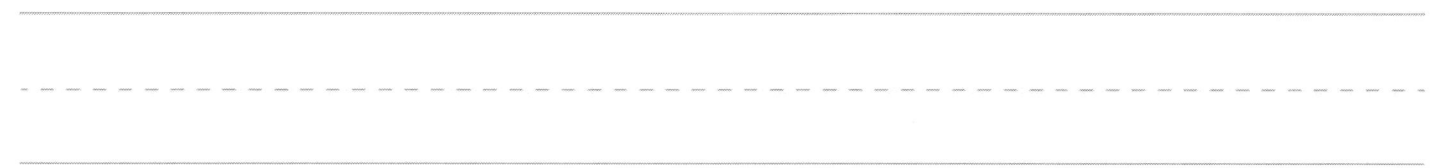

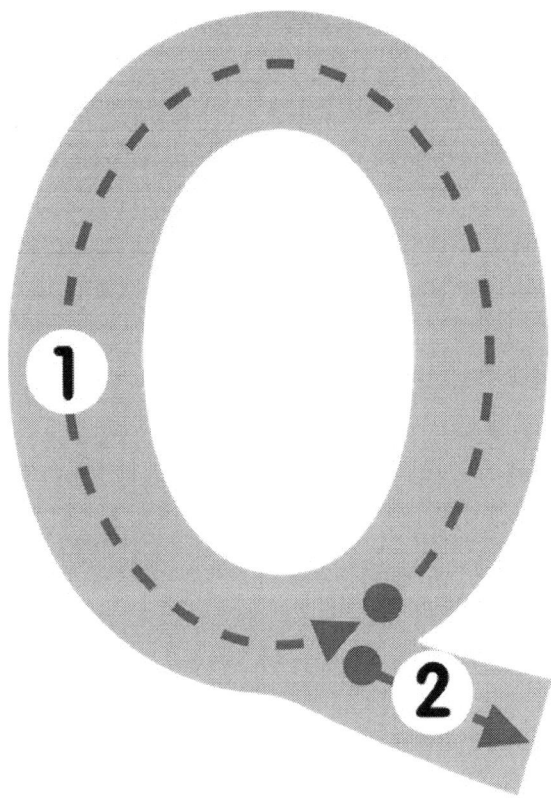

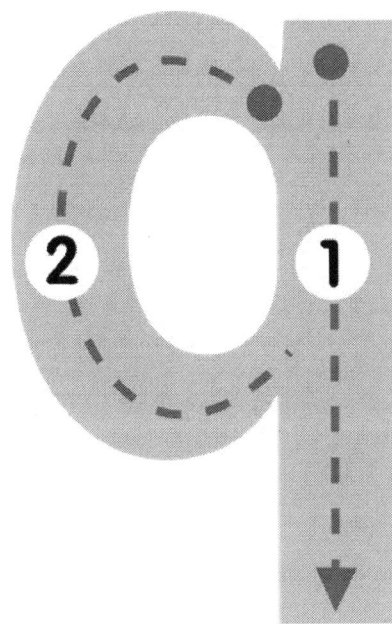

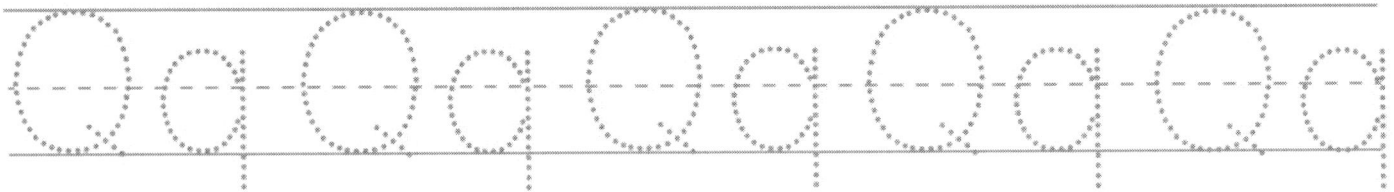

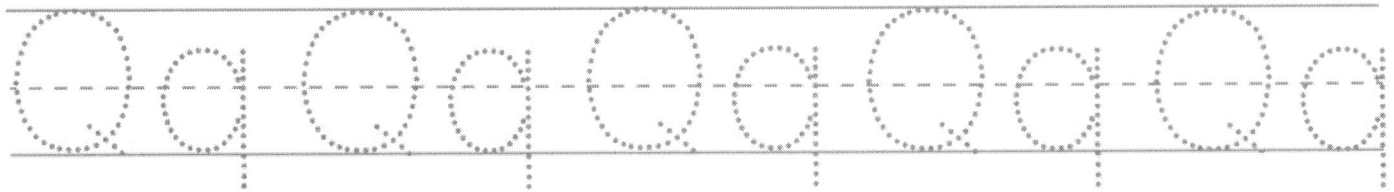

Q is for queen bee

Qq Qq Qq Qq Qq Qq Qq Qq

Qq Qq Qq Qq Qq Qq Qq Qq

Qq Qq Qq Qq Qq Qq Qq Qq Qq Qq

Qq Qq Qq Qq Qq Qq Qq Qq Qq Qq

Qq Qq Qq Qq Qq Qq Qq Qq Qq Qq

Qq Qq Qq Qq Qq Qq Qq Qq Qq Qq

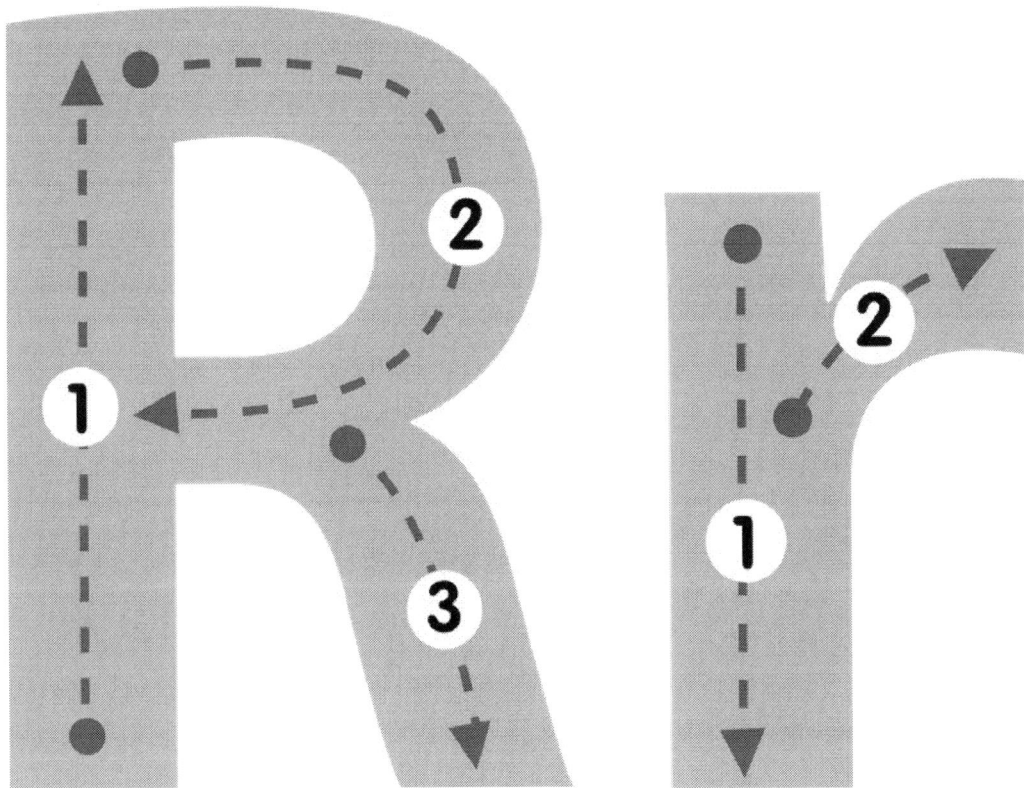

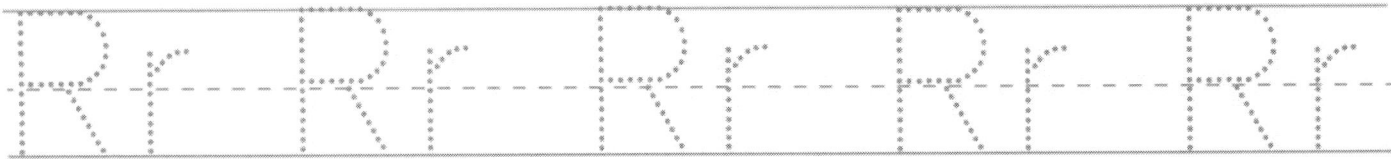

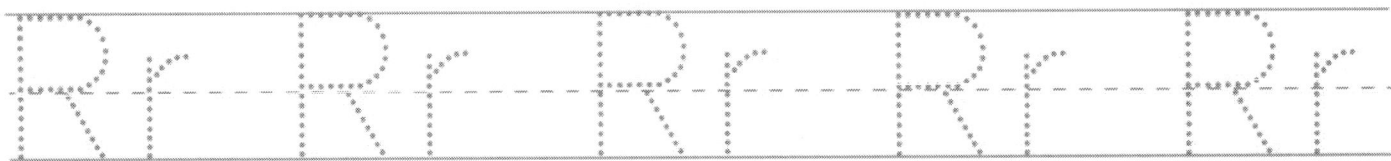

R is for rhino

Rr Rr Rr Rr Rr Rr

Rr Rr Rr Rr Rr Rr

Rr Rr Rr Rr Rr

Rr Rr Rr Rr Rr

Rr Rr Rr Rr Rr

Rr Rr Rr Rr Rr

Rr Rr Rr Rr Rr

Rr Rr Rr Rr Rr

Rr Rr Rr Rr Rr

Rr Rr Rr Rr Rr

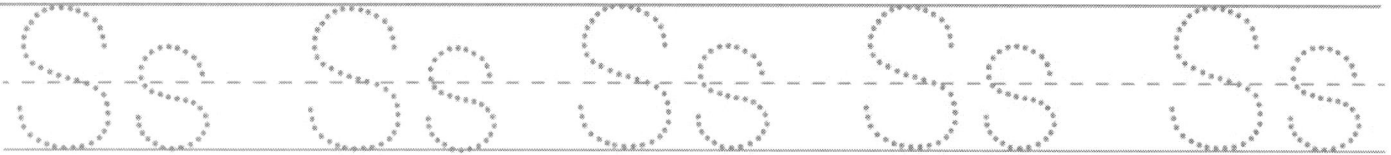

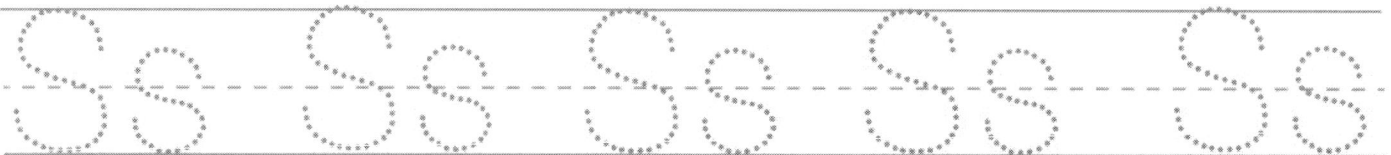

S is for snail

Ss Ss Ss Ss Ss Ss

Ss Ss Ss Ss Ss Ss

Ss Ss Ss Ss Ss Ss Ss Ss Ss Ss

Ss Ss Ss Ss Ss Ss Ss Ss Ss Ss

Ss Ss Ss Ss Ss Ss Ss Ss Ss Ss

Ss Ss Ss Ss Ss Ss Ss Ss Ss Ss

Ss Ss Ss Ss Ss Ss

Ss Ss Ss Ss Ss Ss

Ss Ss Ss Ss Ss Ss

Ss Ss Ss Ss Ss Ss

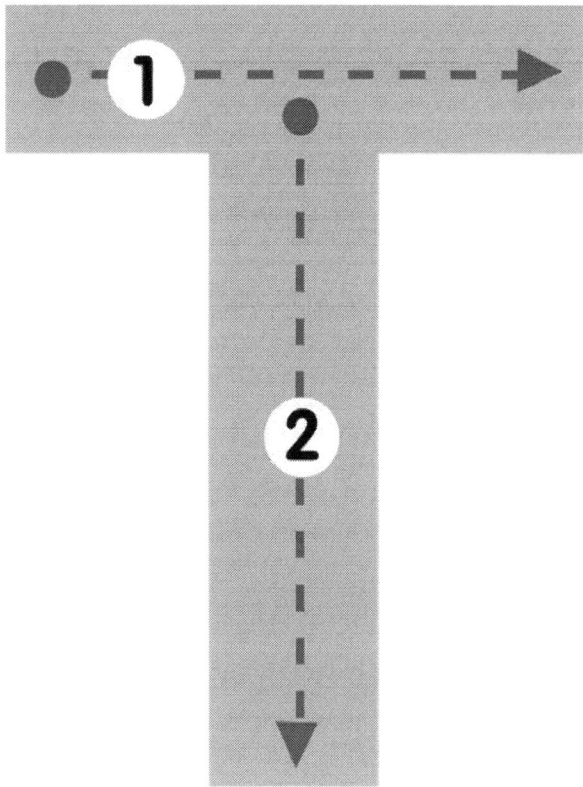

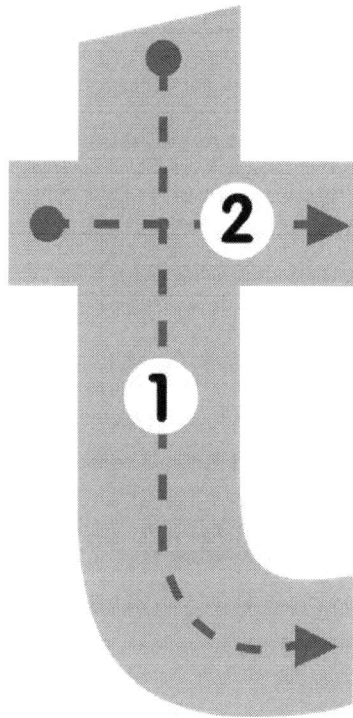

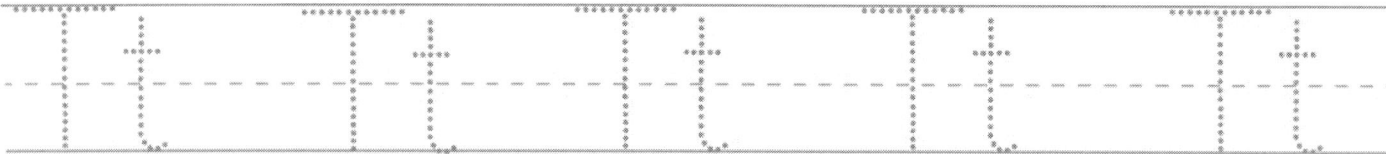

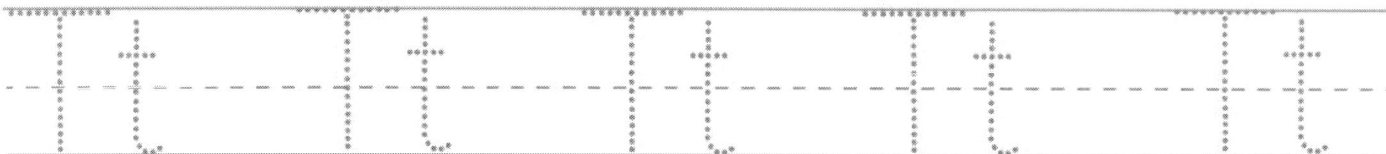

T is for tiger

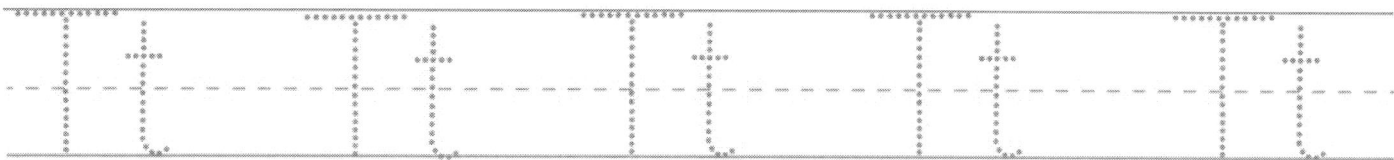

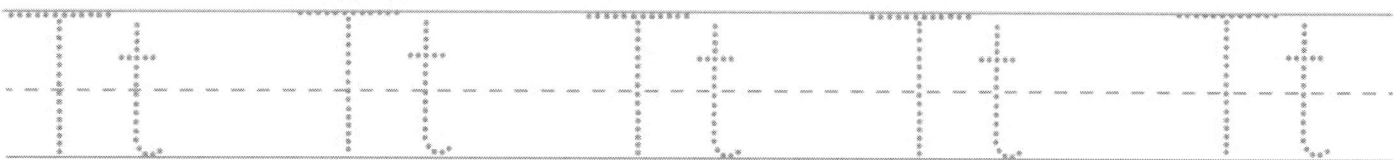

t t t t t

t t t t t

t t t t t

t t t t t

t t t t t

t t t t t

t t t t t

t t t t t

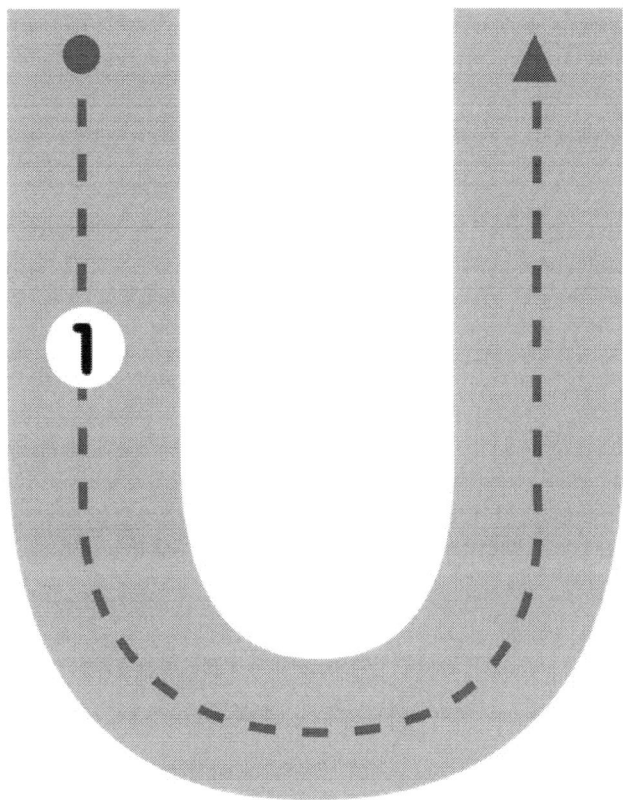

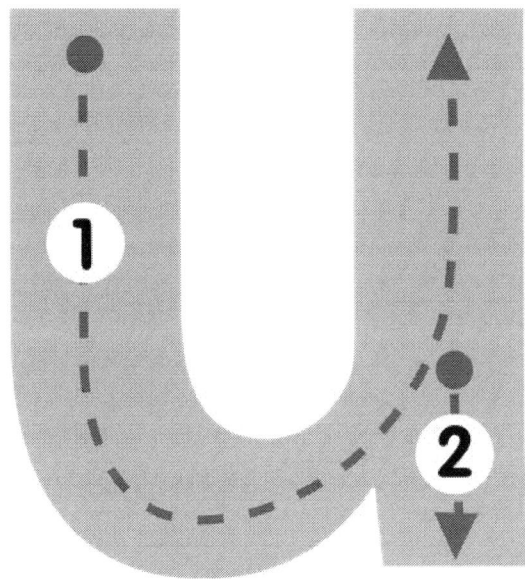

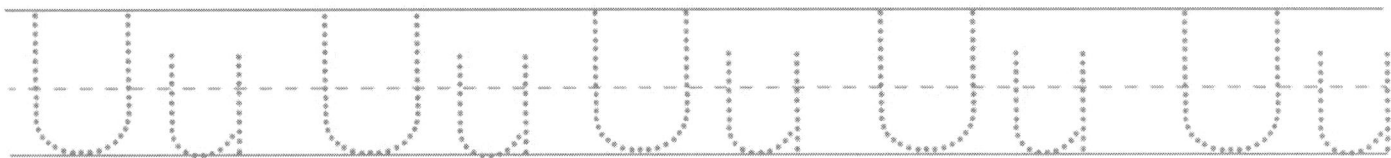

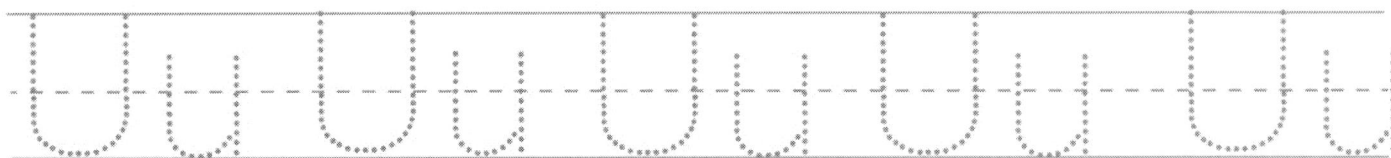

U is for unicorn

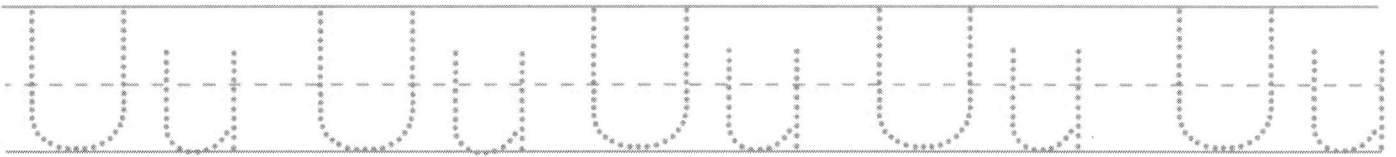

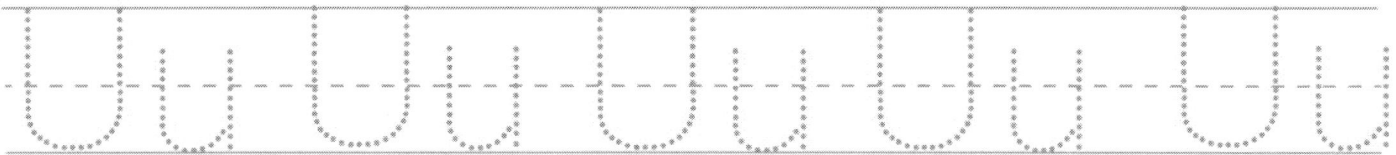

U u U u U u U u U u U u U u U u

U u U u U u U u U u U u U u U u

Uu Uu Uu Uu Uu Uu Uu

Uu Uu Uu Uu Uu Uu Uu

Uu Uu Uu Uu Uu Uu Uu

Uu Uu Uu Uu Uu Uu Uu

Uu Uu Uu Uu Uu Uu Uu

Uu Uu Uu Uu Uu Uu Uu

Uu Uu Uu Uu Uu Uu Uu

Uu Uu Uu Uu Uu Uu Uu

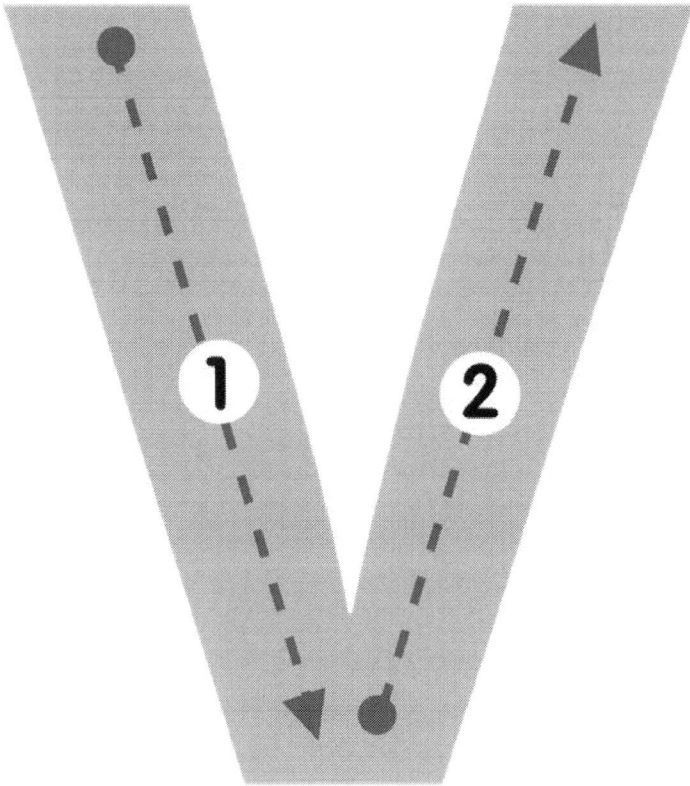

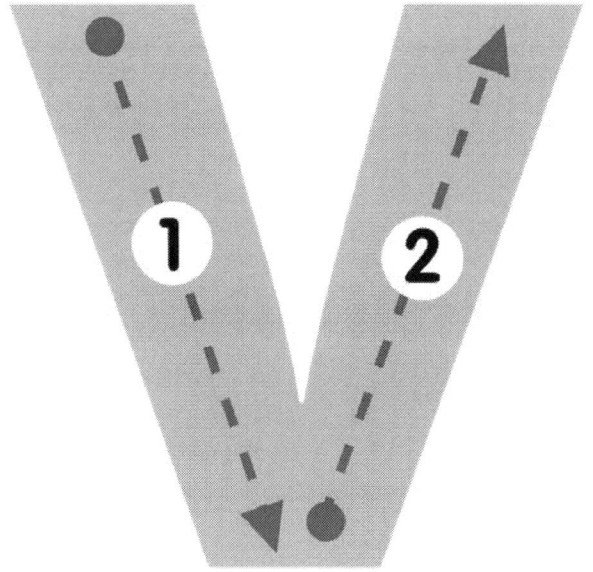

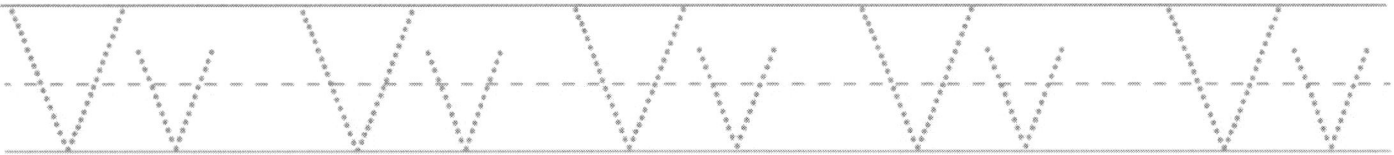

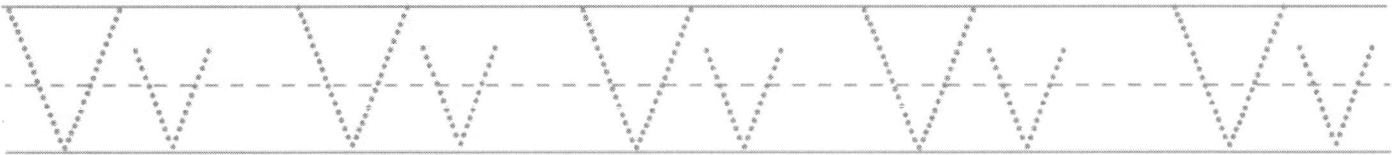

V is for vampire bat

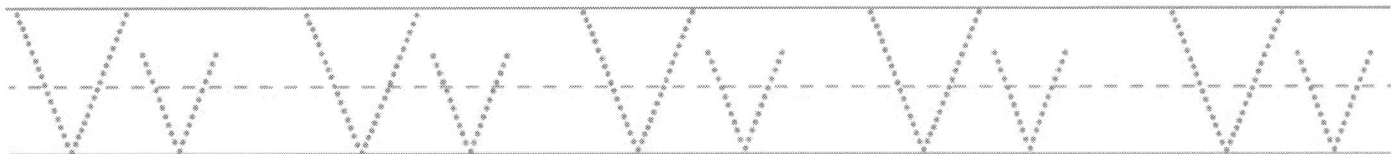

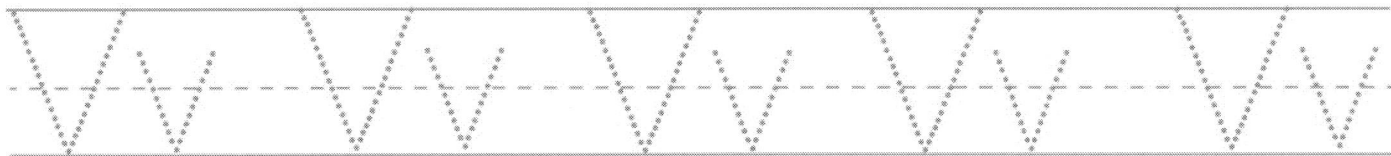

V͜v V͜v V͜v V͜v V͜v V͜v V͜v

V͜v V͜v V͜v V͜v V͜v

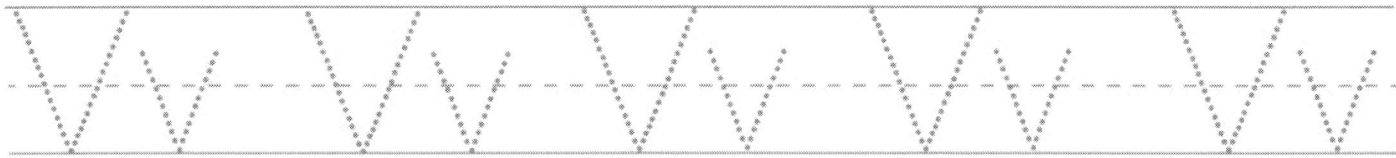

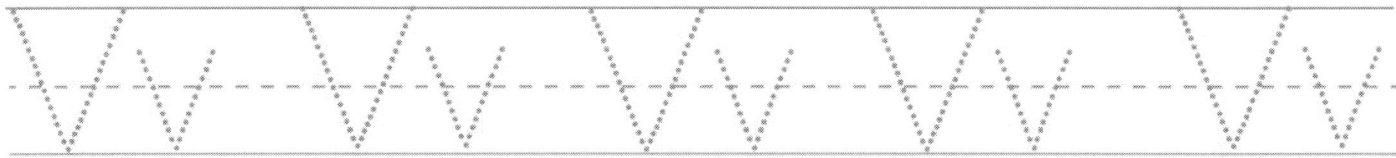

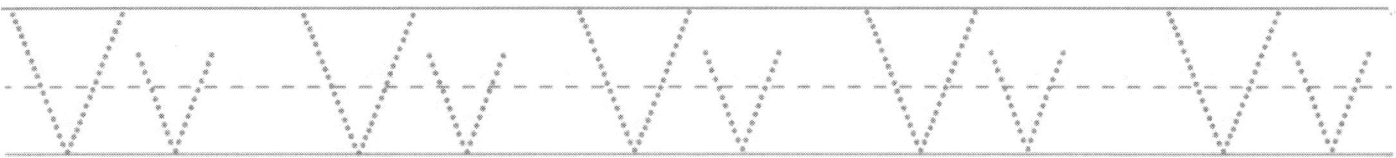

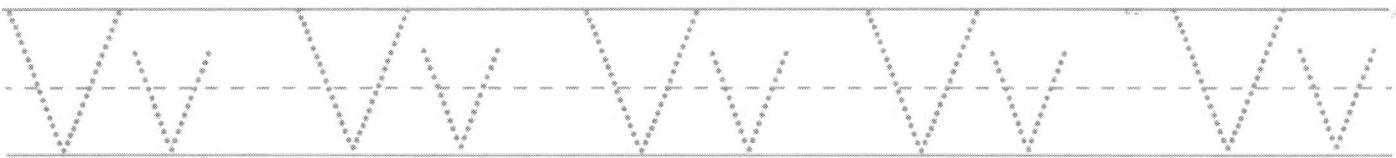

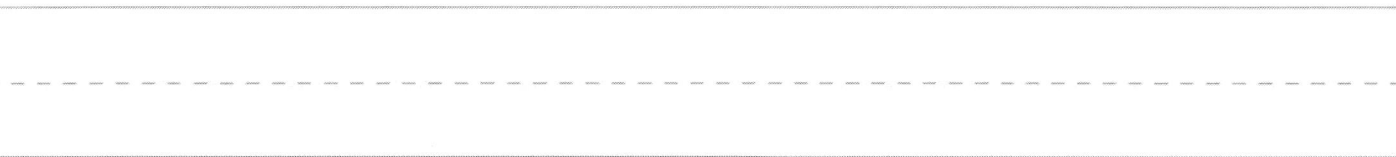

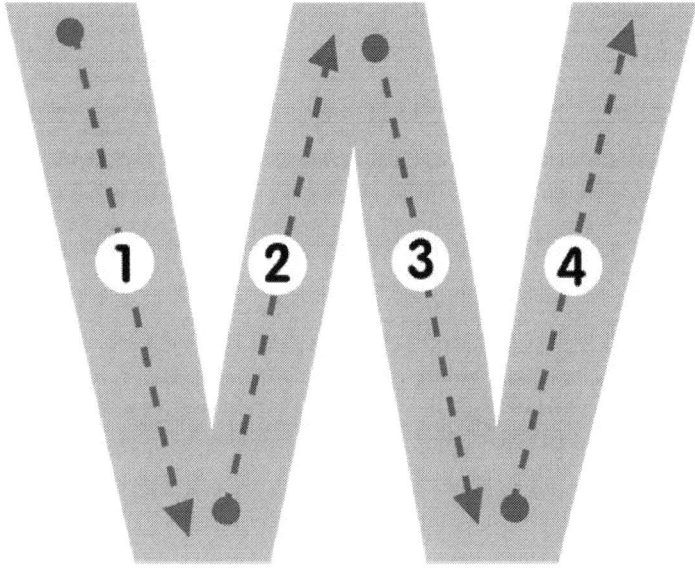

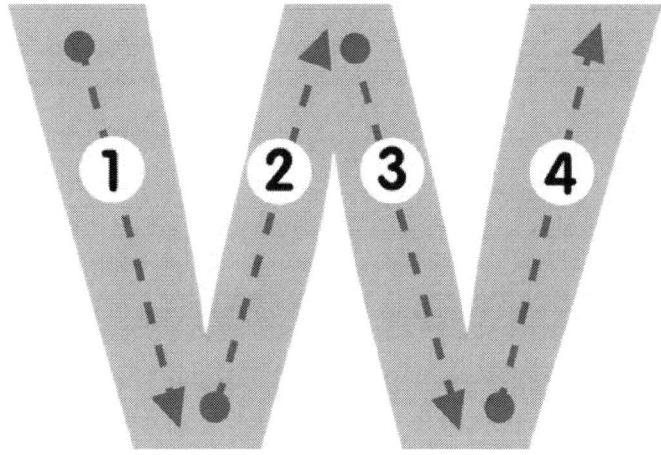

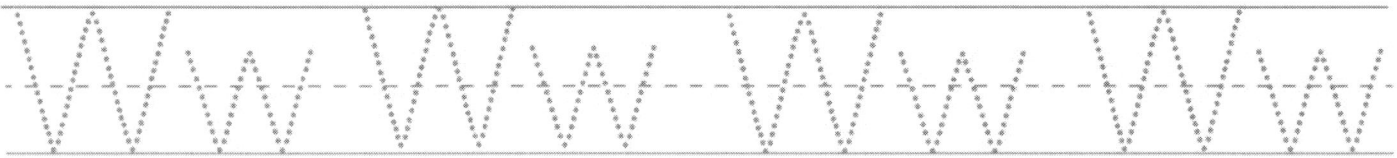

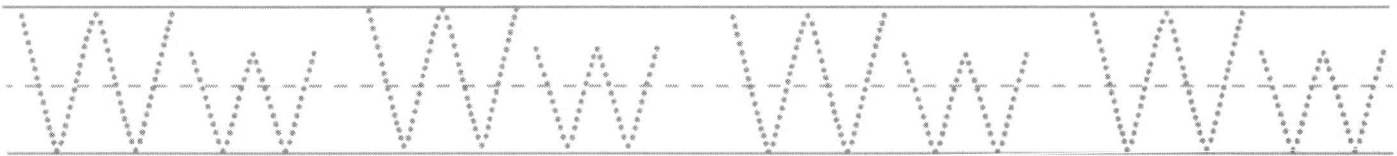

W is for whale

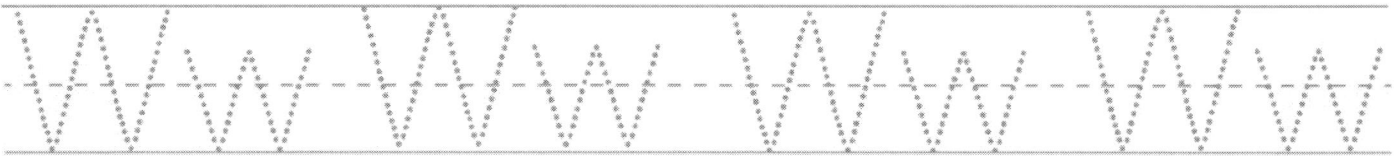

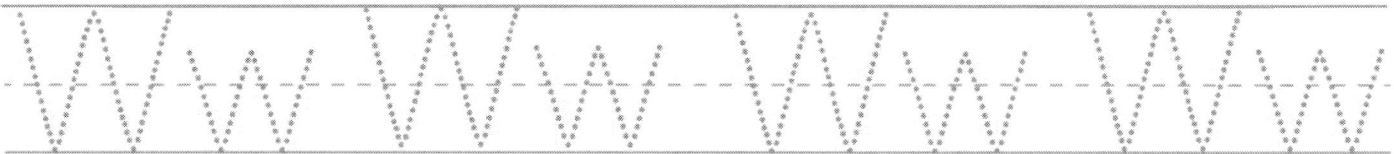

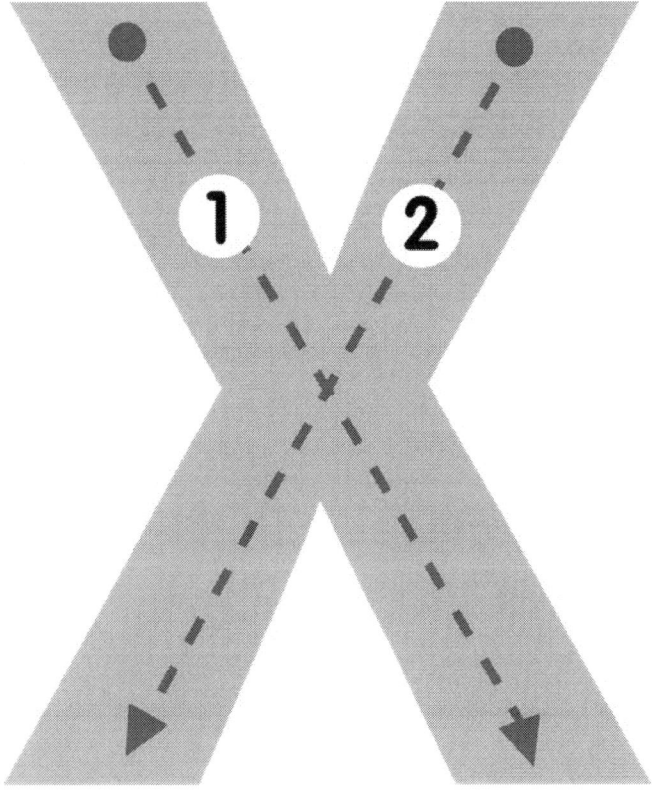

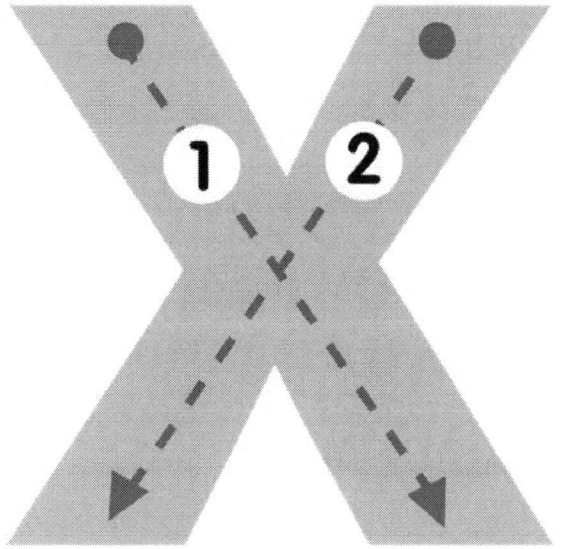

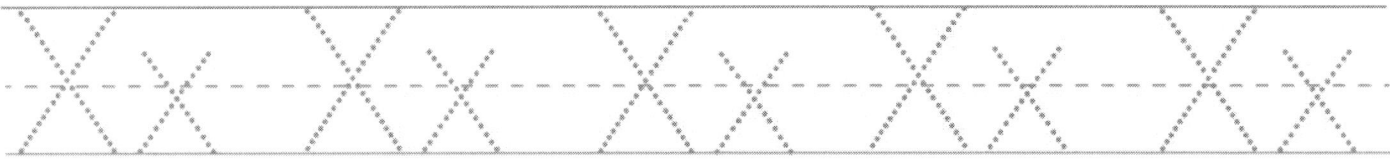

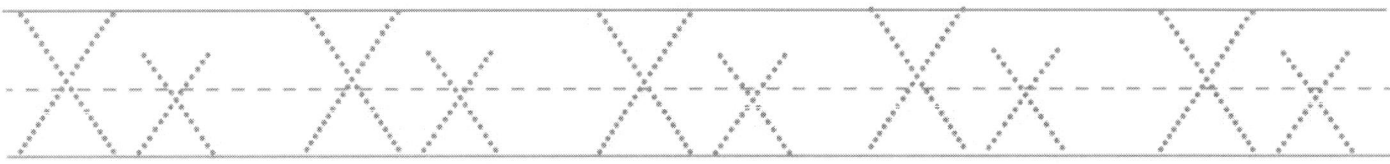

X is for x-ray fish

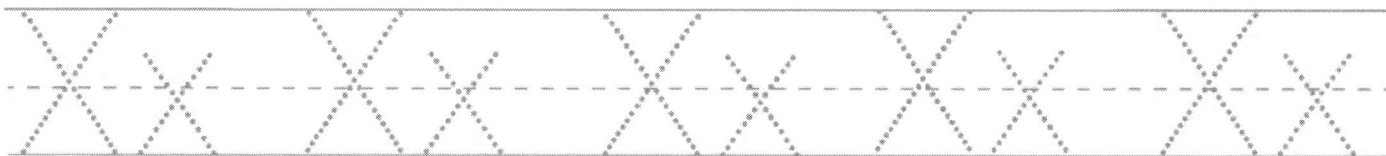

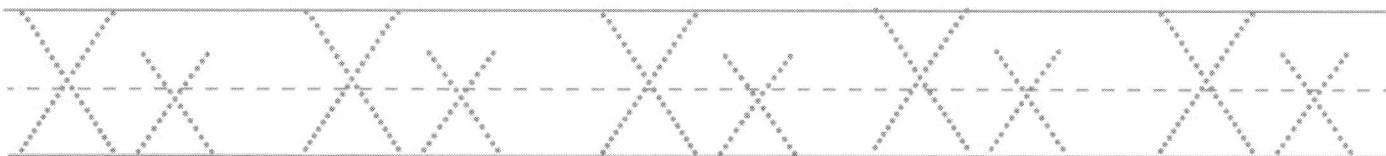

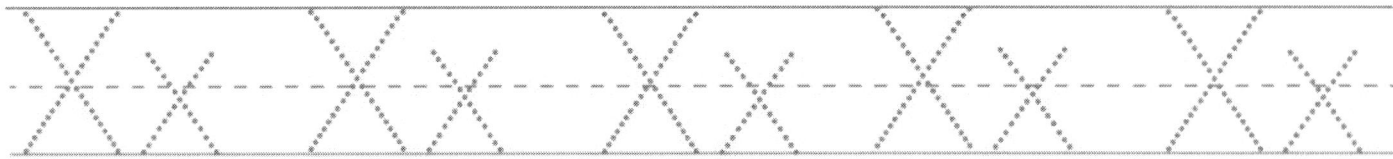

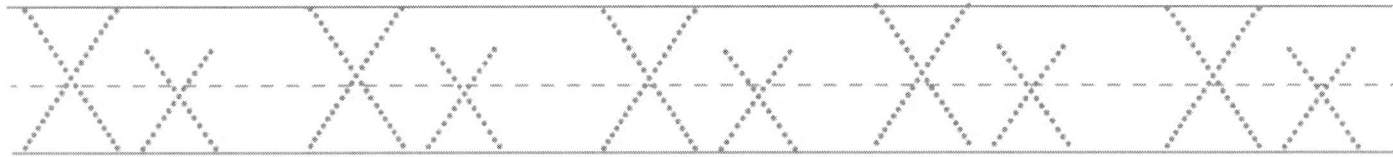

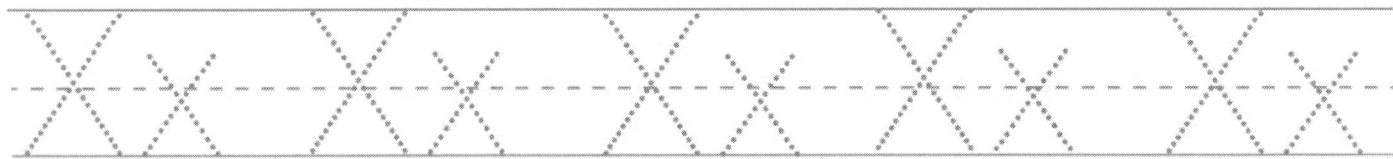

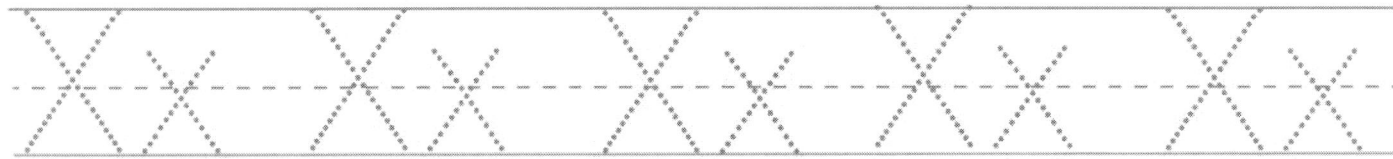

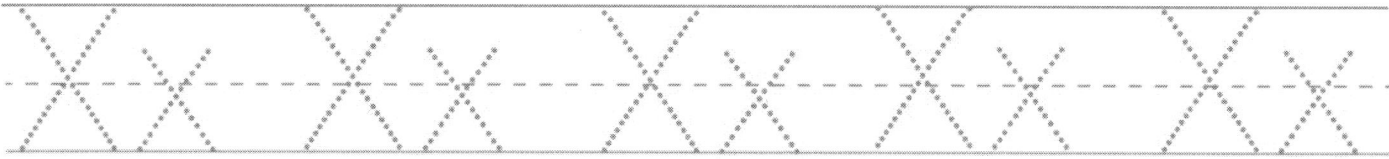

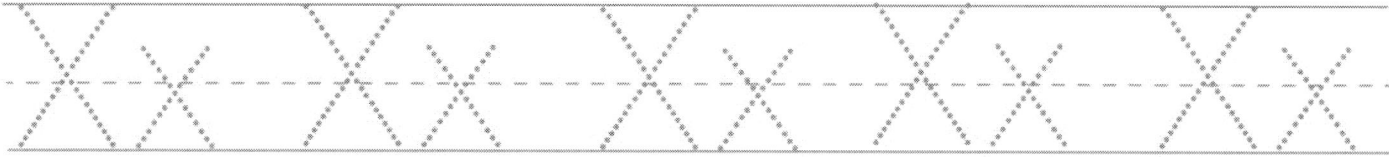

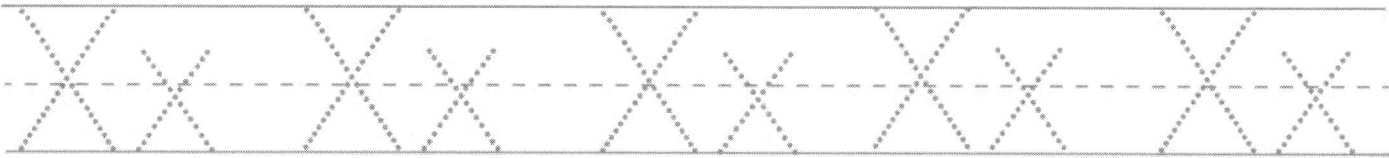

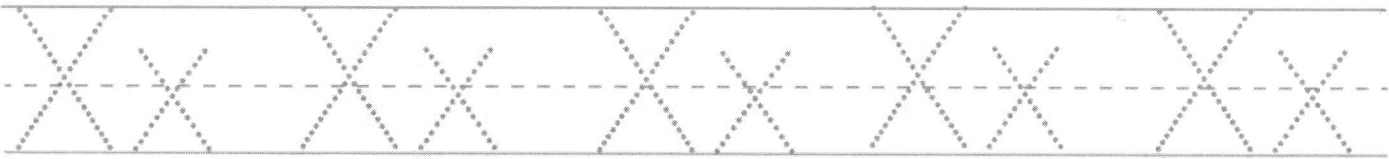

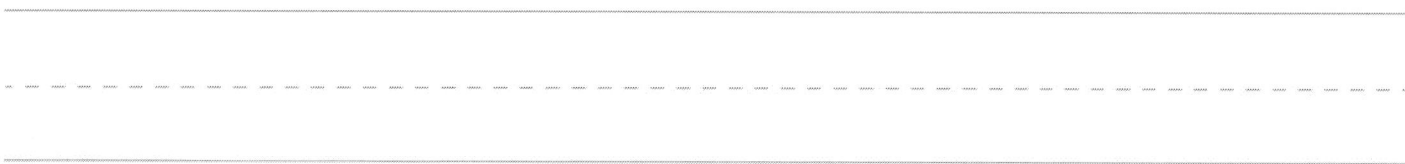

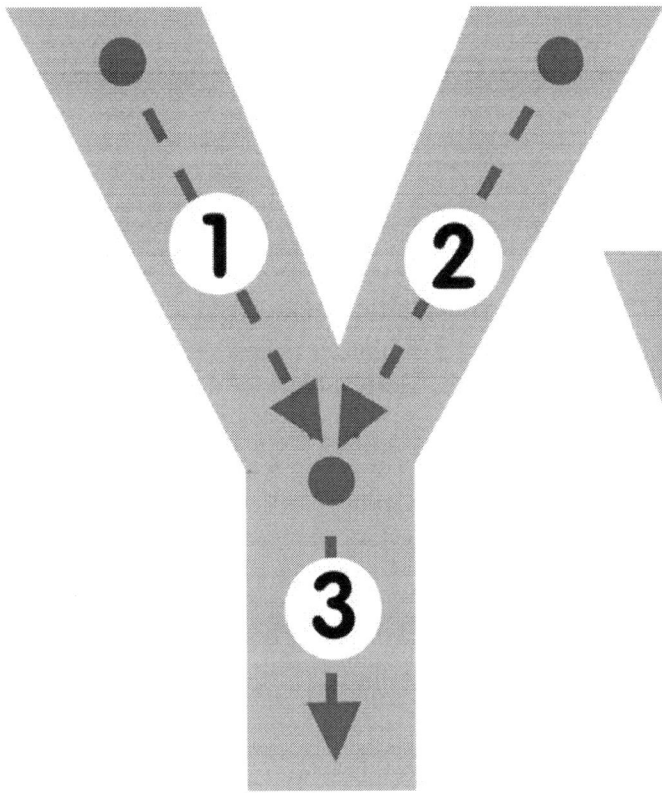

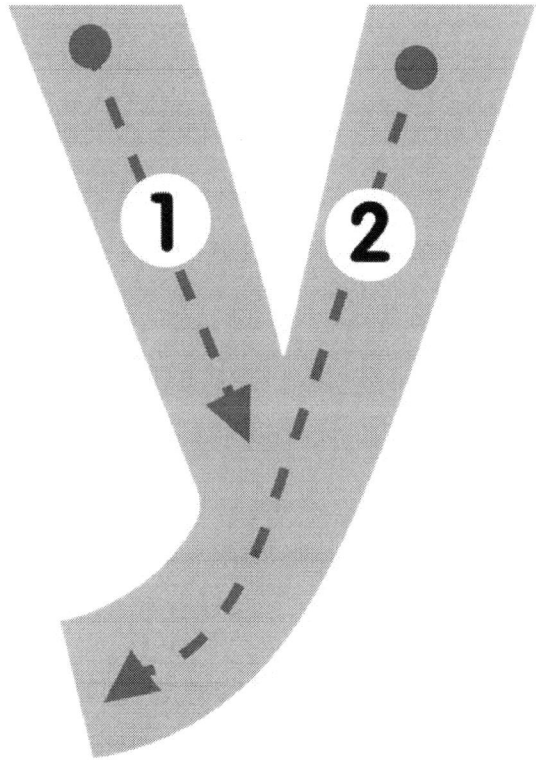

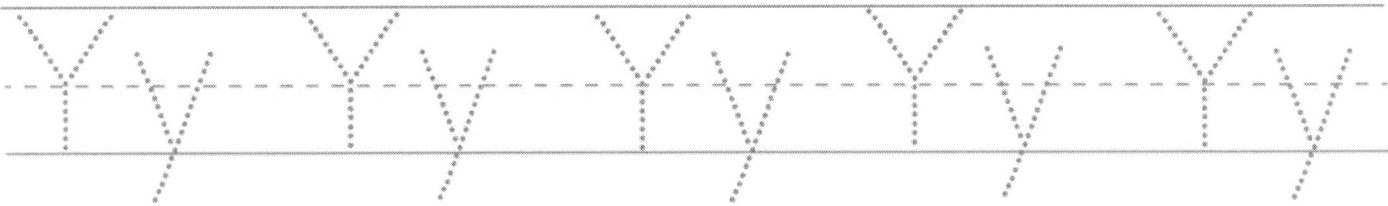

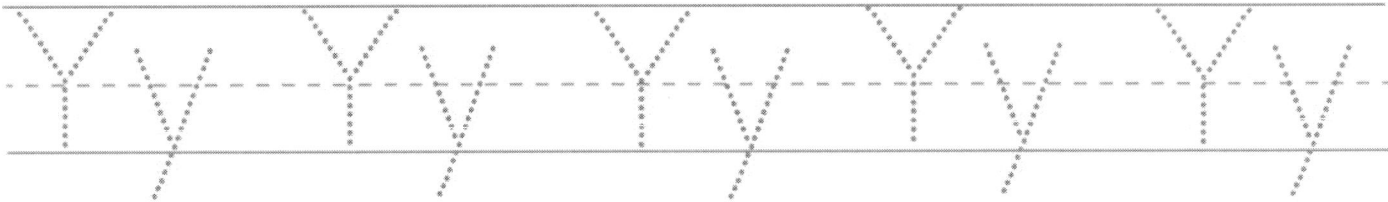

Y is for yak

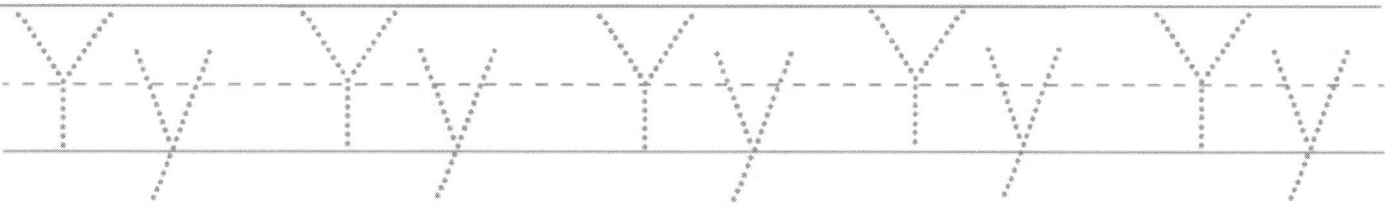

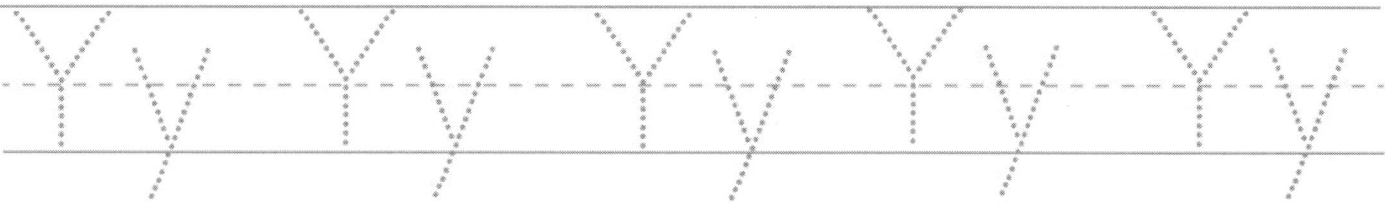

Y y Y y Y y Y y Y y

Y y Y y Y y Y y Y y

Y y Y y Y y Y y Y y

Y y Y y Y y Y y Y y

Yy Yy Yy Yy Yy

Yy Yy Yy Yy Yy

Yy Yy Yy Yy Yy

Yy Yy Yy Yy Yy

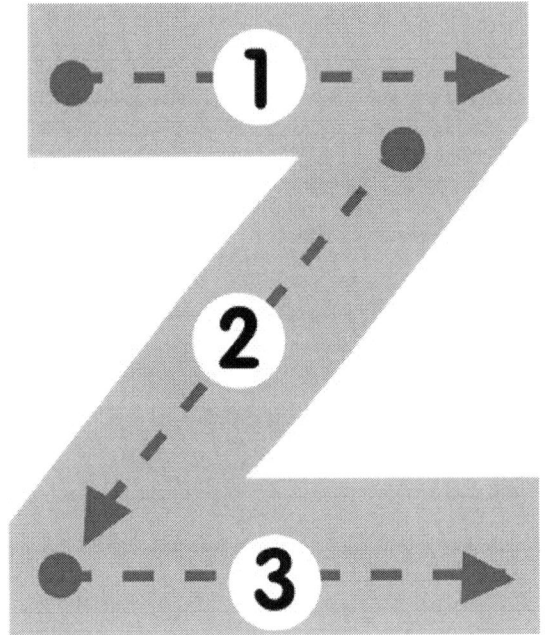

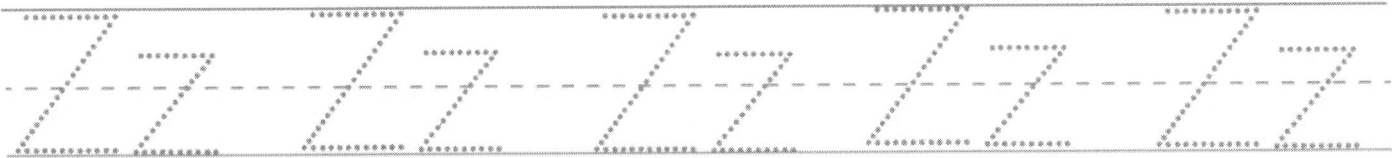

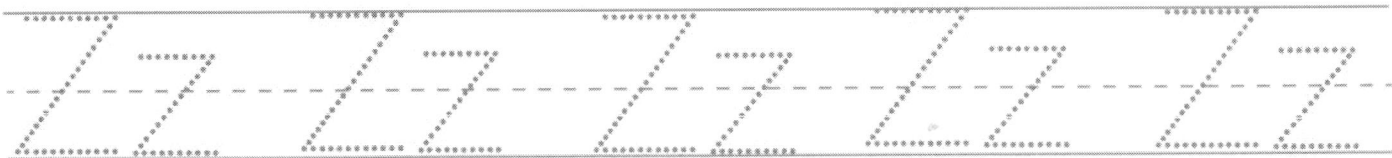

Z is for zebra

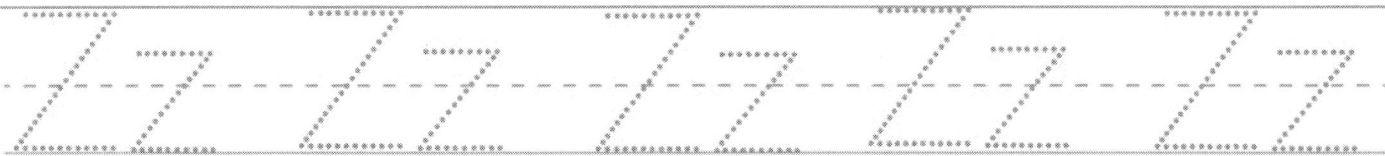

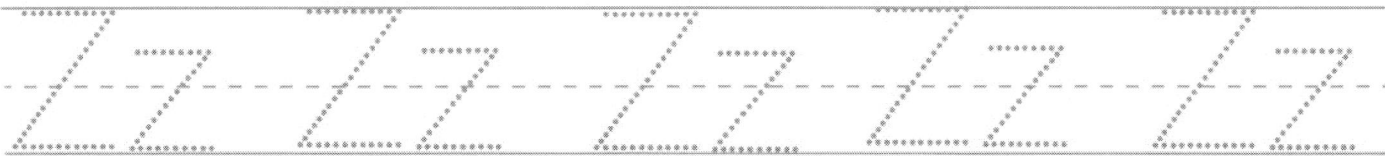

Made in the USA
Las Vegas, NV
28 October 2021